VILLAS

西洋の邸宅
19世紀フランスの住居デザインと間取り

レオン・イザベ／ルブラン 設計・製図
中島智章 訳・監修

LÉON ISABEY
LEBLAN

本書について

本書は『VILLAS MAISONS DE VILLE ET DE CAMPAGNE』(レオン・イザベ、ルブラン設計・製図 LIBRAIRIE D'ARCHITECTURE ET D'ART 1867)を次のように再編したものです。

解説文について
序文と図版ページの解説は原書発行当時(1867年)の視点そのままを生かしております。例えば、文章内の「現在」は「1867年当時」を指します。
また、図版ページ、解説上のタイトル(例…オクスフォード風住宅)は、原図に表記があったものはそのままを生かし、なかったもの(Plate1-8, 10-11, 13-24, 29, 34-36, 44, 52-54)には、新たなタイトルを追加しています。

図版について
資料としてのわかりやすさを優先し、図版の配置やデザイン等を再編成しています。
もともと1枚にレイアウトされた図版を、複数ページに分けて掲載しています。
染みや焼け、色調などを補正しています(但し、印刷のズレは原書のとおりです)。また、図版には若干のトリミングを施しています。
図版内の数値や文字を、現在のフォントに差し替えてあります。

用語について
一部、専門的な建築用語は巻末の用語集にまとめてあります。

VILLAS

LÉON ISABEY
LEBLAN

目次

4 監修のことば

6 様式別一覧

10 原書序文　ヴィラ 都市住宅と郊外住宅

14 **図版**

124 用語集

126 索引

監修のことば

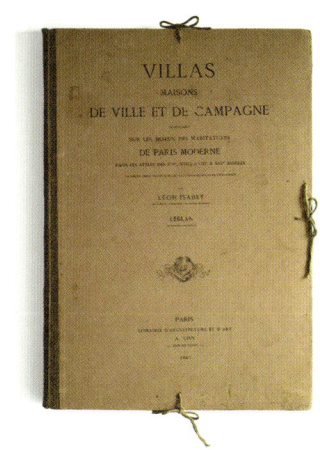

原書と図版掲載順について

本書は皇宮の建築家・監督官レオン・イザベ、建築家・製図師ルブランの設計・製図による『ヴィラ 都市住宅と郊外住宅——16、17、18、19世紀の様式による現代パリの住居のモチーフ、および、外国の傑出した住宅』(リブレリー・ダルシテクチュール・エ・ダール発行、1867年) の図版を見やすく再編成し、翻訳・訳注を施したものである。

原書の図版の順番は、概ね二人の編者ごとに分けられており、Plate1-24はルブラン、Plate25以降が基本的にイザベの作図になる。さらにルブランのものを分類するなら、Plate1-12、17-24が各種様式の郊外住宅、Plate13-16がコテージ系になる。イザベの方については、Plate25-31が各国の様式、Plate32-33が都市住宅、Plate34-37が各国様式、図版38以降は種類や様式という面からは様々だが、図版の書き方の傾向には流れがある。これは全体を通してもいえるだろう。本書の図版掲載順は、この原書の通りである。

19世紀の大規模住宅の特徴

本書で取り上げられているのは19世紀フランスにおける様々な様式による住宅建築の雛形である。「都市住宅」(maison de ville) と「郊外住宅」(maison de campagne) というカテゴリー分けは、16世紀以降の貴族住宅における都市邸宅＝「邸館」(hôtel) と郊外邸宅＝「城館」(château) の分類に由来するもので、市壁の内と外の世界に厳然たる区別が存在した時代の名残である。「アパルトマン」(appartement) という、廊下を介せずに広間を連ねていく平面計画もそれら近世貴族住宅に由来する。アパルトマンとは、現在の意味と違い、「寝室」(chambre à coucher, chambre)、私的な小部屋「キャビネ」(cabinet)、「化粧室」(toilette) などの諸室からなるひとまとまりの居室群のことをいい、主人家族の構成員一人一人に各アパルトマンが与えられた。一方、使用人たちが様々な家政を行う空間 (主に地下に配された) には廊下や通路も設けられ、彼らが給仕するときに行き来する「サーヴィス動線」が確保されていた。

住宅デザインの「様式」について

本書の住宅のデザインには時代・地域とも多様な「様式」(style) が用いられている。本書の様式を踏まえた上で、現在用いられている一般的な様式理解をまとめると以下のようになるだろう。

時代区分	建築史・美術史の様式名	王の治世に基づく様式名
中世	ロマネスク	
	ゴシック	
近世	ルネサンス	フランソワ1世様式 アンリ4世様式 ルイ13世様式など
	バロック	ルイ14世様式 ルイ15世様式
近代	新古典主義	ルイ16世様式など
	ゴシック・リヴァイヴァル	
	歴史主義 (様式建築)	
	アール・ヌーヴォー	
	モダン・ムーヴメント	

一口に「様式」といっても、本書では、「中世」、「近世」といった西洋史の歴史区分の大枠にのっとったざっくりした枠組から、「アンリ4世様式」、「ルイ13世様式」などのように王の治世にのっとったもっと小さな枠組、あるいは「ゴシック」や「ルネサンス」といった建築史や美術史の枠組まで、様々に異なるレヴェルの様式概念が言及されている。〝建築史・美術史の様式名〟の中では「ゴシック」と「ルネサンス」が古株で、19世紀半ばに企画された本書では、この二つのみが見られる。「バロック」や「新古典主義」は新しく定義された様式で、20世紀以降に一般化していった。それ以前は「ルネサンス」といえば、現在のルネサンス、バロック、新古典主義までを包含する様式概念だった。また、現在の建築史や美術史では、ルネサンス以降の時代をだいたい18世紀の前後で「近世」と「近代」に分けるが、当時はルネサンス以降現代までを一貫して「モダン」(moderne)と呼んだ。この「モダン」は「近代」とも「現代」とも訳しうるが、本書では概ね「ルネサンス」(ルネサンス、バロック、新古典主義)と同様の意味で使用されているようなので、あえて、当時はなかった時代概念である「近世」を訳語として採用している。なお、本書は原書に則した構成のため、各住宅図版が様式ごとにまとまっていない。そこで、別途、図版を様式別にまとめた「様式別一覧」を掲載した(P6-8)。

カタログ建築の時代
19世紀には、建築デザインを「様式」として把握し応用するという手法と足並みを揃えるように、各種建築部材のカタログ化が進んだ。建築装飾においては、鋳鉄の使用の促進がその生産のカタログ化、工業化を助けることとなった。建築全体のファサード設計、平面計画においても、作例を多数収録したカタログの出版が盛んになり、いわば「建築家なしの建築」が可能な状態をも現出させることとなった。本書もそのようなものの一例である。過去の建築デザインや伝統的な貴族住宅の平面計画を踏襲しながらも、本書には19世紀の産業革命後の建築界の爛熟をうかがうことができるだろう。

(工学院大学建築学部建築デザイン学科　中島智章)

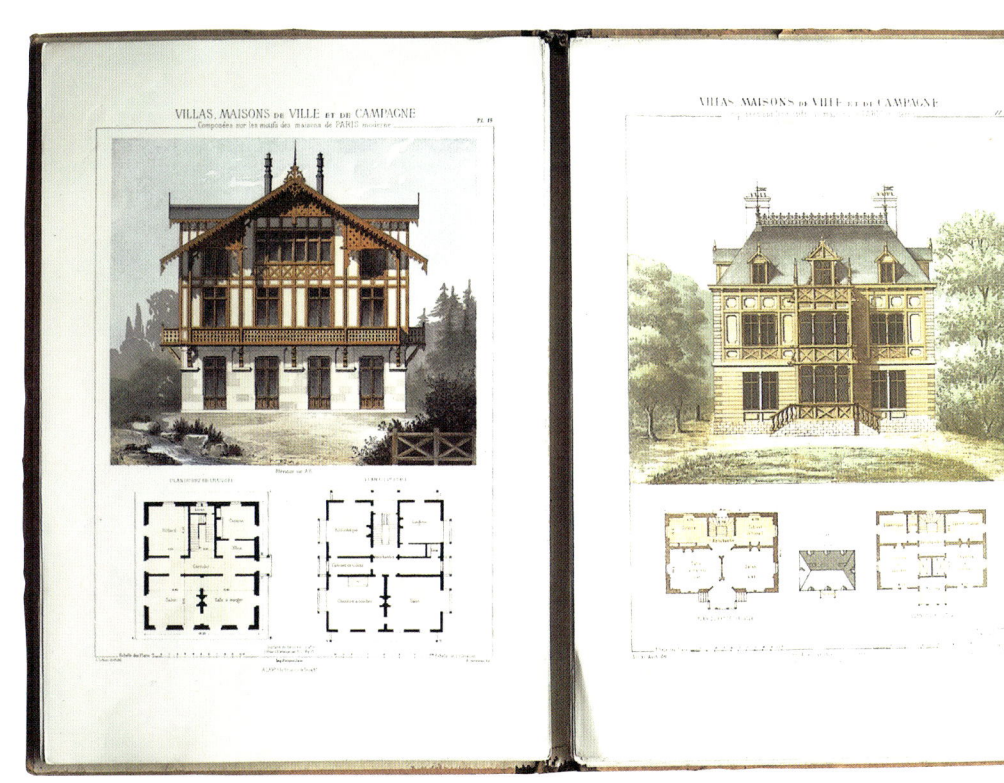

様式別一覧

様式	ページ / 図版

Style romain
古代ローマ様式

p90/plate 39　　p110/plate 49

Style gothique
ゴシック様式

p14/plate 1　　p16/plate 2　　p52/plate 20　　p68/plate 28　　p80/plate 34　　p100/plate 44

Style Renaissance italienne
イタリア・ルネサンス様式

p78/plate 33　　p112/plate 50

Style François 1er
フランソワ1世様式

p18/plate 3　　p20/plate 4⁺　　p34,36/plate 11,12　　p58/plate 23　　p108/plate 48　　p118/plate 53

Style Henri IV
アンリ4世様式

p22/plate 5⁺　　p24/plate 6

様式	ページ / 図版

Style Louis XIII
ルイ13世様式

p26/plate 7　　p88/plate 38　　p92/plate 40⁺　　p114/plate 51　　p122/plate 55⁺

Style Louis XIV
ルイ14世様式

p30/plate 9⁺　　p32/plate 10　　p56/plate 22⁺

Style Louis XV
ルイ15世様式

p46/plate 17　　p50/plate 19

Style Louis XVI
ルイ16世様式

p28/plate 8　　p104/plate 46　　p116/plate 52　　p120/plate 54

Eclectisme
折衷様式

p48/plate 18　　p54/plate 21　　p76/plate 32　　p106/plate 47

様式	ページ/図版

Maisons de diverse nations
諸外国の住宅

p38/plate 13　　p40/plate 14　　p42/plate 15　　p44/plate 16　　p60/plate 24

p64,66/plate 26,27　　p70/plate 29　　p72/plate 30　　p74/plate 31　　p82/plate 35

p86/plate 37　　p94/plate 41　　p98/plate 43　　p102/plate 45

Style libre
非様式デザイン

p62/plate 25✦　　p84/plate 36　　p96/plate 42

この一覧について

本書の図版掲載順は、作図者の意図を尊重するため、原書（Plate順）に基づいています。
この一覧は、各図版の邸宅が取り入れている建築様式に着目し、様式別に図版の順序を入れ替えまとめ直したものです。
原書に様式の記述が全くなかったり、曖昧な記述しかなかったものについては、
監修者の判断で各々の様式に振り分け、不確定なものとして「✦」をつけています（Plate4-5, 9, 22, 25, 40, 55）。
なお、図版ページの様式名についても同様で、不確定なものには「✦」をつけています。

VILLAS

LÉON ISABEY
LEBLAN

原書序文

ヴィラ
都市住宅と郊外住宅

ここ数年来、私たちの志向や、都市住民たちの活動的で「照らされた」生き方に、ある種の革命がもたらされた。ここでは、都市住民が大いなる空気や緑に満ちた環境へと盛んに移住してきたことについて語りたい。実際、事情が許す限り、都市の喧騒から離れて余暇を過ごしたいと願わない人は、現在、ほとんどいないだろう。また、それが可能な者のほとんどにとって、郊外住宅は終のすみかとなり、ときに過大な都市住宅の家賃高騰からまぬがれることになる。

この志向の原因の一つとして、別荘の必要性に触れなければならない。別荘を求める最も大きな理由としては、かつての領主の所有地の細分化、広大な地所の分割があるだろう。それらは様々な立場からの投機の対象となり、財務上の手法を駆使して区画ごとに転売されて、本当にささやかな予算しかなくても入手が容易になったのである。これ以上に、人間生来の所有欲を刺激し、不動産投資に向かわせるものもないだろう。そもそも、土地というのは彼らの財産の最大の拠り所の一つなのである。

現在では、ほとんどの人が土地所有者となっており、たとえ今日そうでなくとも明日には土地所有者になっているだろう。さらに、地所を所有するだけで満足できないなら、そこに住宅を建設しなければならない。特別な人間の才能に頼る前に、自ら学び、自ら建築入門書を紐解き、そこからモデル、あるいは少なくとも、望むものに等しいものを見出すのである。建築家自身も、何らかの計画を依頼されたとき、同じくそのようにして、モチーフについての知識を得て、容易に発想できるようにしている。だがその場合、多くは失望が大きい。ここまで語ってきた郊外住宅の必要性や、それらを生み出し発展させてきた原因も最近になって出現してきたもので、今日までに出版されてきた建築書は非常に限定的な方法でしか郊外住宅関連の事柄に触れていないからである。その上、建築家はそこに何も見出せず、たとえいくばくか見出したとしても、建築家にとって、いってみれば役に立たないものとなっている。それが最近出版されたものであっても、私的建築においてここ数年成し遂げられた真に傑出した進歩に対し、応えるほどの水準に達していないのである。

そのため、主題の選択と多様性においても、製図の正確さと細心さにおいても、重要かつ複雑になった全ての要求に応えうる特別な著作が必要なのである。本書を企画しようと思い至ったのはこのためである。良心的で経験豊かな芸術家たちに託した本書を、この隙間を埋めるのに役立ててほしい。

建築家や所有者の皆様のため、本書の典型的な諸作例には、平面、立面ともにこの上ない多様性が示されている。古今のあらゆる様式が再現されてあり、いかなる例外もなく、あらゆる建材が適用されている。本書では、これらの建材を組み合わせて、できる限り出費を抑えようと努めながらも、それらとは対照的に、独特の長持ちする本格的な装飾を取り入れようと試みた。本書の平面図は仔細にわたって検討されたものであり、皆様が、上流の人々であれ、商人、雇用された人、あるいは芸術家であれ、それぞれの志向や条件に合った住宅を本図集に見出すことができるだろう。

住宅、とりわけ郊外住宅の場合、絶対的な規則にのっとって建設されることはない。実際、この種類

の構築物の形態、装飾や構成は、常に敷地、風土、それが建っている地方の風習に拠っているのであり、さらに、施主の財産や趣向にも拠るのである。そのため郊外住宅には、道路関連の法規が都市住宅に課しているような煩わしい規定も存在せず、外部からのさまざまな要因に対応することで内部の配置に無限の多様性がもたらされ、また建築のあり方が決められて、他の場合では自由奔放すぎるあまり、建築上の放埓と思われるような配置を正当化しているのである。

だが、郊外住宅の「皿」は偶然のままに給仕されるわけではない。多少なりとも建てる上で利点のある状況を考慮しておくのであれば、衛生の原則に適合させなければならないだろう。そのため、建造物は森や樹林から適切に離して、低地や湿地から遠くに建てられなければならない。また、できる限り、狩猟林や庭園を望むようにし、北からの寒風や南からの熱波に直接さらされないような向きに建てなければならないのである。

都市に建てられた住宅とは逆に、郊外住宅において主要な眺望は、地所の外(*1)に対するよりもむしろ内側(*2)に向けて設定されるものであり、また、一般的に庭園に面した正面が特別なファサードとなる。住宅内部の配置も全く同様であり、幅の広い開口部や動線のゆとりも内側に向けた設定に基づいており、これは郊外での生活スタイルに直接由来しているのである。そこではエチケットの規則も一部ゆるくなり、都市では許されない自由が存在する。

建造物は基壇の上に建てるのが望ましく、地下階の上に建てるとさらによい。地下階には厨房や付属施設、浴室などを配することができるだろう。この厨房が1階にある場合、住宅の最も高貴でない目立たない側から採光しなければならないが、かといって入口の門から離れ過ぎていてもいけない(*3)。

1階には招待客を迎えたり、食堂、広間、ビリヤード室、喫煙室などの共同生活を送る場所を設ける。上階には、寝室のような完全に私的な生活のための部屋を配する。寝室は都市住宅よりも多く設けられるべきである。そこに友を迎え、日帰りできない

*1…玄関側　*2…玄関の裏手側、庭園側　*3…物資搬入のための配慮と思われる

訪問客を泊めるためである。建造物の上にはテラス、あるいは単なるベルヴェデール（眺望台）を配し、眺望を楽しめるようにするとよいだろう。これが郊外で最も求められている楽しみの一つなのだ。ロッジアやヴェランダ、開放的なギャラリーは、さらに快適で効果的な付属施設である。

一方、郊外住宅では内部の間取りがどうであれ、すべての部屋が容易に連絡されるように配慮しなければならない。一般的にこの点についてはある程度容易であり、これは都市のアパルトマンでは滅多にないことである。

これらの住宅の構造は、あらゆる種類の建材やあらゆるジャンルの装飾を許容する。所有者の趣味や風景の性格によって、他にない独自のものが使われることがあるが、通常、レンガと無垢の木材が最大の効果を発揮する。特に、ランブルカン（軒先飾り）、クレート（大棟）、装飾されたポワンソン（棟飾り）に用いられる場合はそうである。今日、これらすべては工業生産可能で安価に供給できる。そして、最後に次の点を指摘しておきたい。まず、古代に度々そうであったように、経済性の観点から装飾レンガを用いるのは化粧面だけでよい。また、出費を抑えたい人々は、本書の図版で石造として表現されているものを、切石に上塗りする手法で施工してもよく、本物のレンガでできたものは擬レンガに替えてもよい。ほとんどの石工は驚くほど本物らしく模倣する術を身に付けているのである。だが、窓台や窓枠は常に石造でなければならない。この部分は自然にさらされて痛むからである。同様に、十分な出費をもってエンタブレチュア、あるいは少なくともその上部は石造で作らなければならない。

Plate 1

Style gothique
ゴシック様式

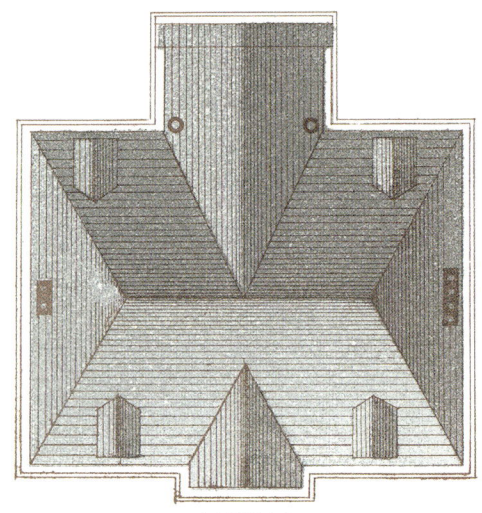

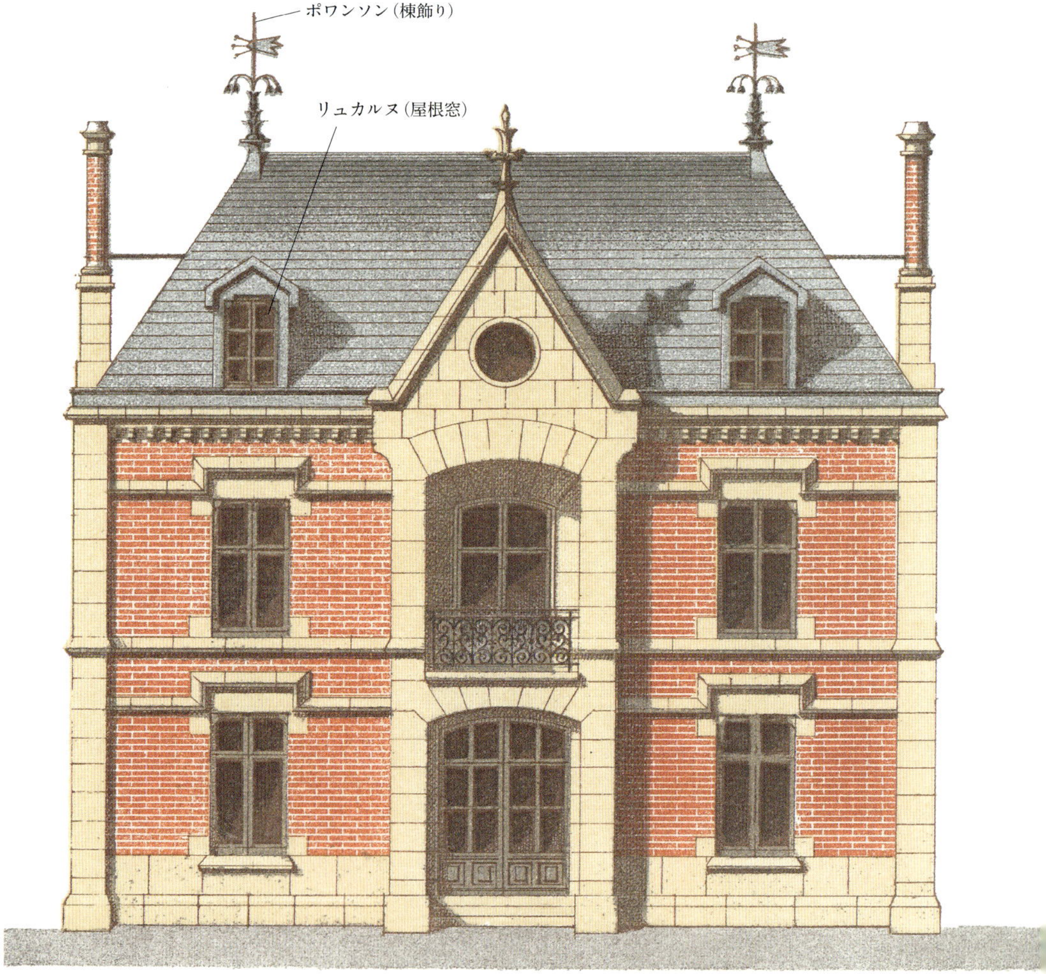

屋根伏図

オクスフォード風住宅

16世紀ゴシック様式による住宅。この時代のイングランド、主にオクスフォードの建造物群から着想した。平面は良好に配分されており、建設は容易である。主人のアパルトマン（広間群）の他、屋根裏に使用人の部屋や物置がある。各立面に二種の異なるリュカルヌ（屋根窓）とポワンソン（棟飾り）の例を示したが、どちらも採用したゴシック様式に適合している。

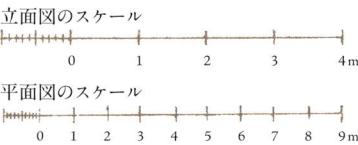

立面図のスケール
平面図のスケール

- 建築家E・ルブランによる製図
- 建築面積141平方メートル

前庭側ファサード（玄関側立面図）

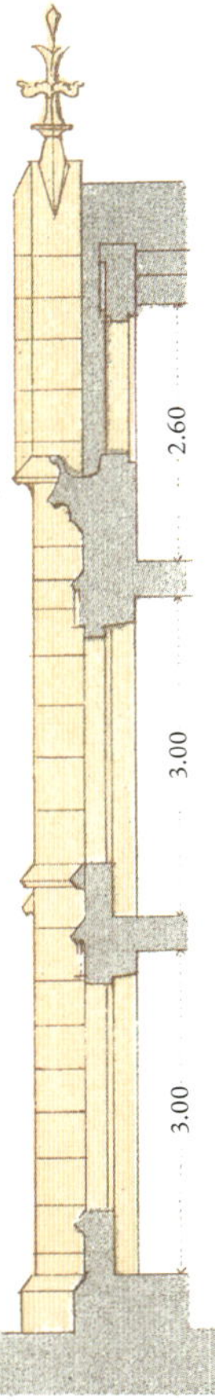

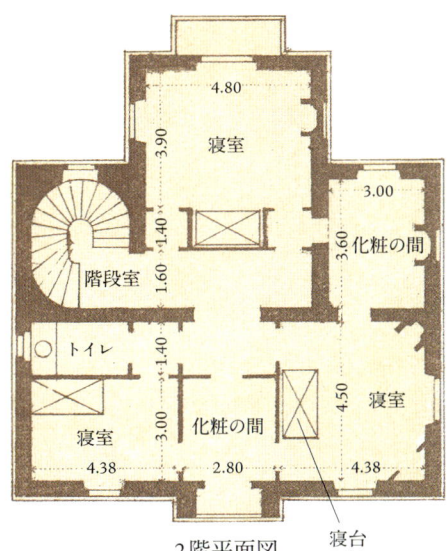

2階平面図

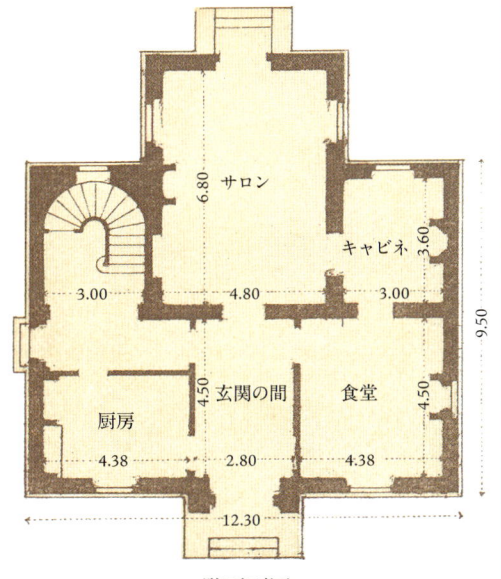

1階平面図

前庭側外壁
断面図

庭園側ファサード（立面図）

ポワンソン（棟飾り）
リュカルヌ（屋根窓）

Plate 2

Style gothique
ゴシック様式

レンガ装飾の邸宅

Plate1と同時代、同じ様式の住宅。だが、配置はまったく異なっており、かつての領主のマノワール（館）を思い起こさせるものである。図版にみられる東立面図には激しい突出部がみられ、それらが大いに毅然たる雰囲気を醸し出している。そのファサードは遠くからみても非常に印象的になるように構成されている。ここでは、レンガは先の作例のようにもはや単色ではない。ここに示された様々な色調は、所有者の趣向と使用可能なレンガの性質にしたがって修正し、異なる様に調整してもよい。トゥーレル（小塔）の2階に設えられたブードワール（婦人用小サロン）は良好な位置を占め、動線もよい。

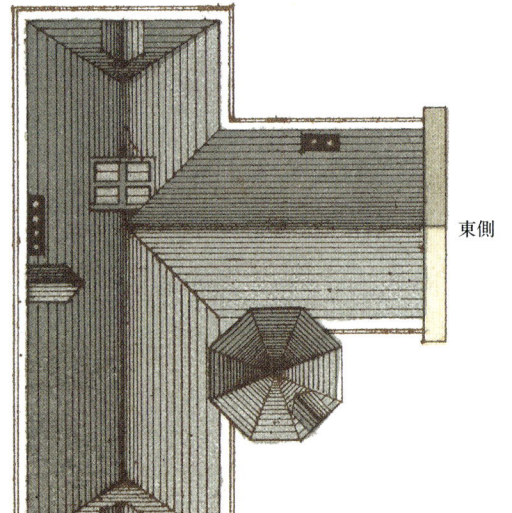

屋根伏図

立面図のスケール
平面図のスケール

● 建築家E・ルブランによる製図

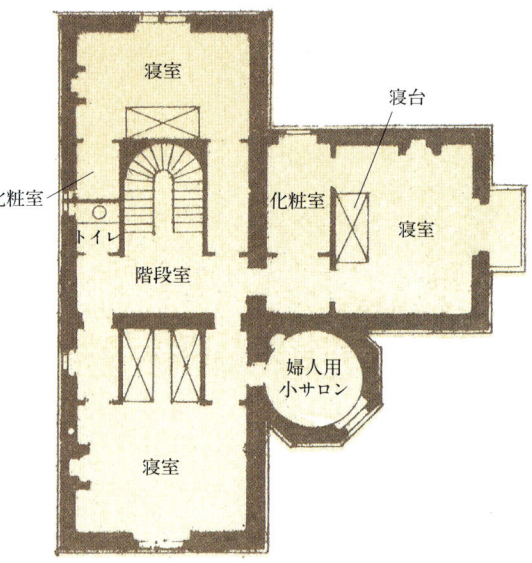

2階平面図

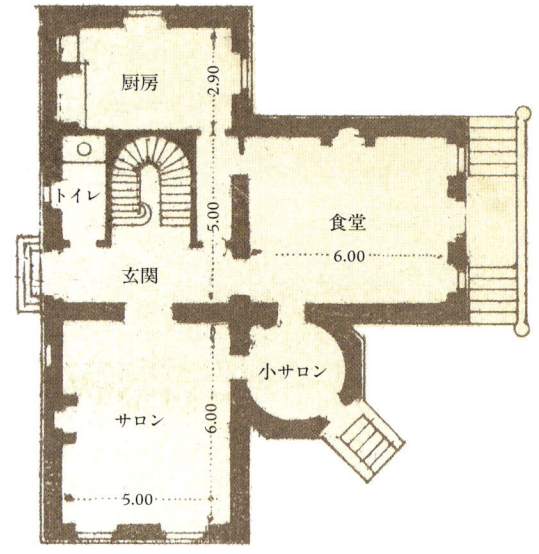

南側　1階平面図

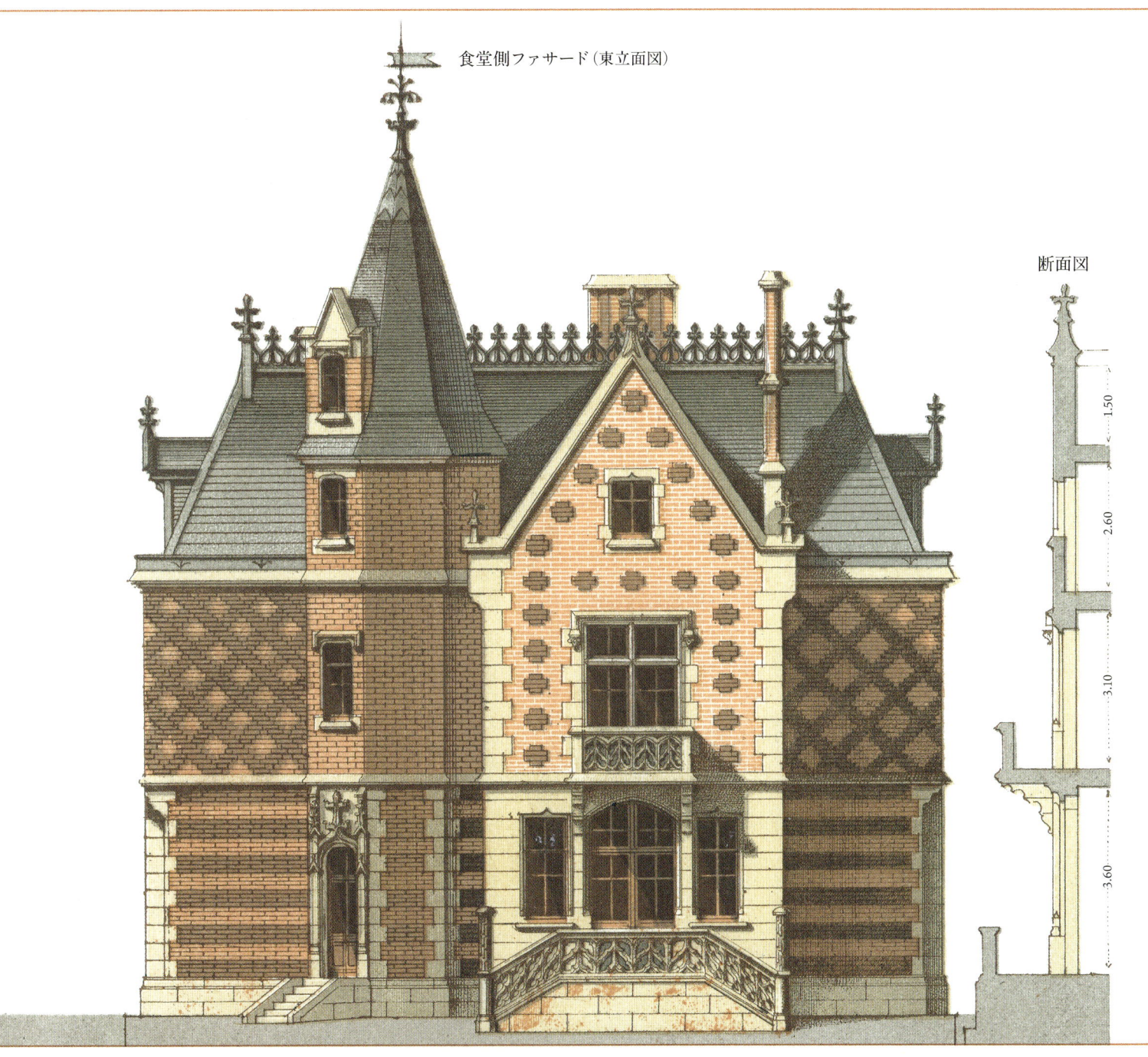

Plate

3

Style François 1er
フランソワ1世様式

前庭側ファサード（玄関側立面図）

小さな城館風住居

この住居は一種の城館の縮小版である。その建築はこの上なく単純でありながら印象深く、フランソワ1世(＊1)治世下に建設されたフォンテーヌブロー城館(＊2)のいくつかの建造物を模したものである。その様式は非常に傑出したものである。この住宅の独特の装飾は偉大な雰囲気を醸し出しており、それがさらに広がりを感じさせて、実際よりも広大にみせている。レンガ造でない部分は、黄色味を帯びたオークルで上塗りされている。

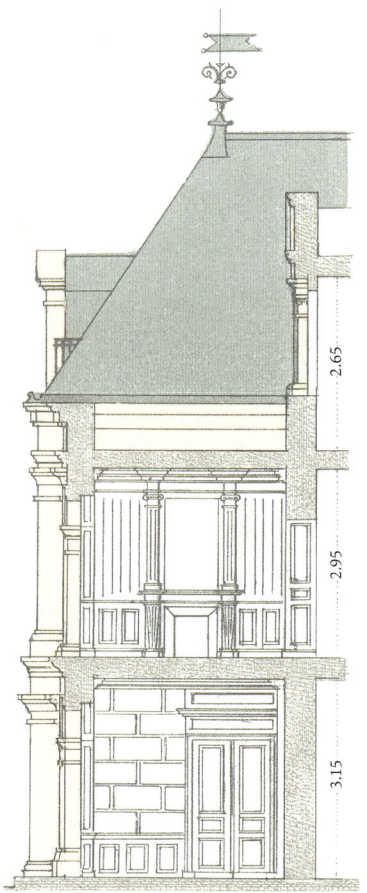

玄関の間を通した断面図

18　＊1…ヴァロワ・アングレーム朝初代のフランス王。在位1515-47年。イタリア・ルネサンスの建築・美術に傾倒し、レオナルド・ダ・ヴィンチなどイタリアの著名な芸術家をフランスに招聘している。

立面図のスケール

0 1 2 3 4 5 6 7 8 9m

平面図のスケール

0 1 2 3 4 5 6 7 8 9m

●建築家E・ルブランによる製図　●延べ面積122.40平方メートル

庭園側ファサード（立面図）

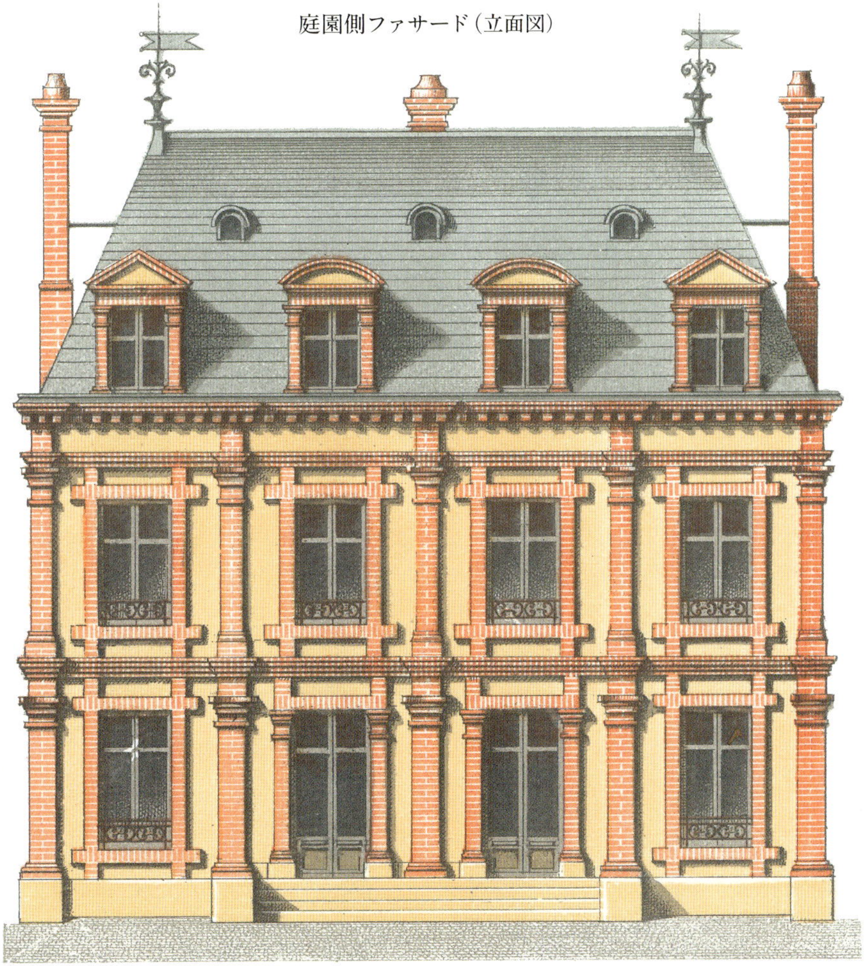

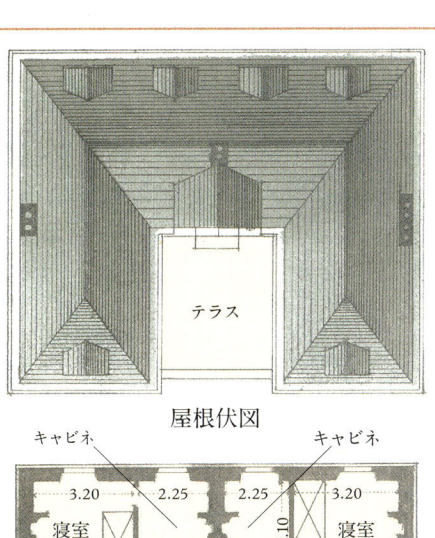

屋根伏図

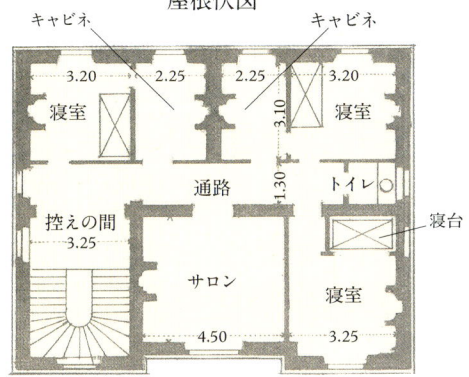

2階平面図

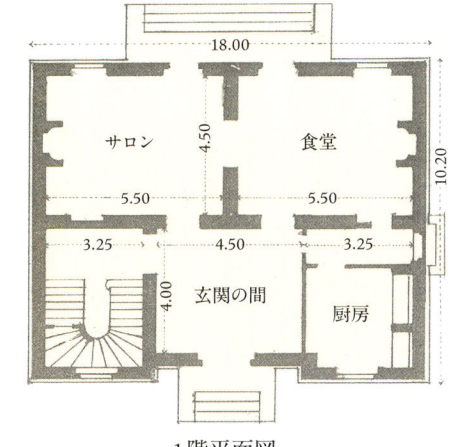

1階平面図

＊2…12世紀以降、パリから南南東60kmに王家によって営まれた城塞。とりわけ、フランソワ1世時代以降、さまざまな増改築事業が行われ、イタリア出身の建築家・芸術家によって本格的な後期イタリア・ルネサンスが導入された。

ペロンが迎える優美な邸宅

都市の邸館、あるいは近郊住宅、さらに、郊外の住宅としても全く問題なく用いることができる近世様式の建造物。色彩は、先の作例とは反対に一様であり、その美のすべては建築が織りなす線の、良好で調和に満ちた配分から生まれている。窓の上方の装飾物の大部分は、彫り込みによるものである。ここではペロン（入口外階段）が非常に重要であり、外観全体にとって大きな役割を果たしている。

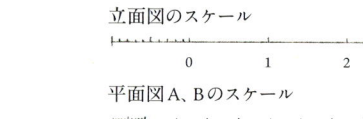

Plate

4

Style François 1er

フランソワ１世様式*

立面図のスケール

0 1 2 3 4 5m

平面図A、Bのスケール

0 1 2 3 4 5 6 7 8 9 10m

平面図C、Dのスケール

0 1 2 3 4 5 6 7 8 9 10m

- ●建築家ルブランによる製図
- ●建築面積171.60平方メートル

B. 2階平面図

D. 屋根伏図

C. 地下階平面図

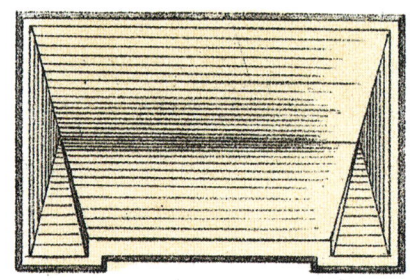

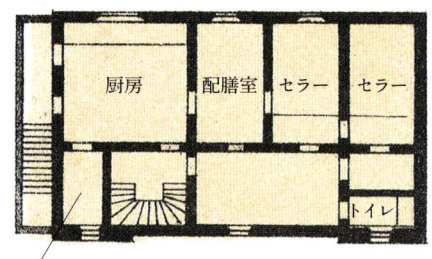

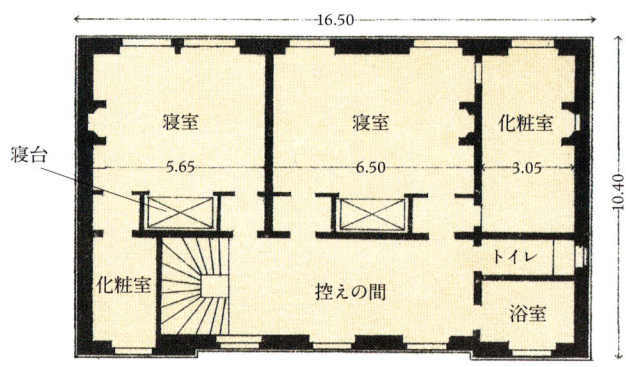

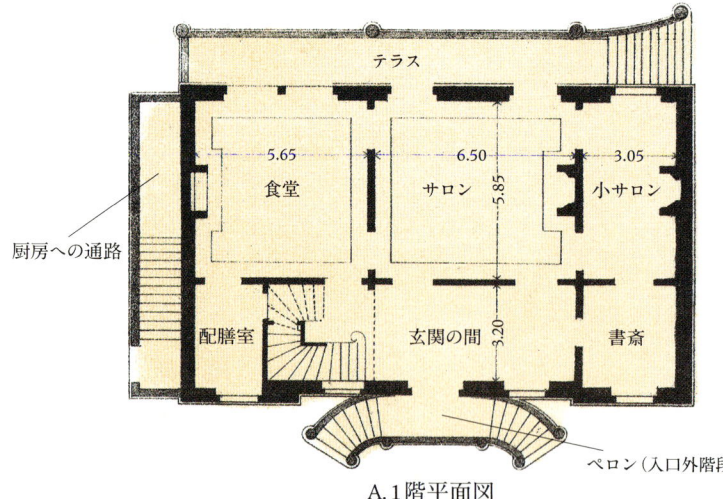

A. 1階平面図

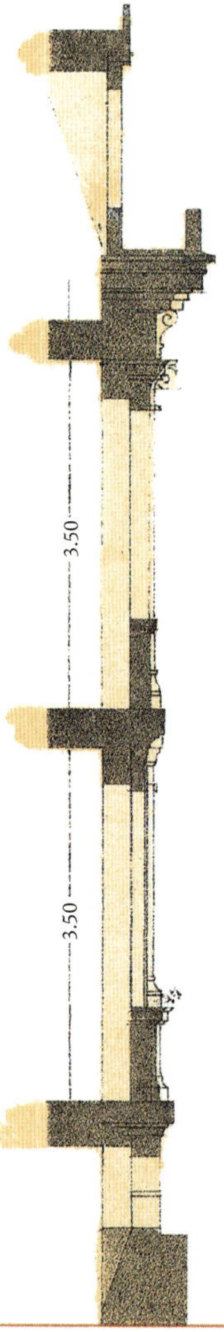

前庭側ファサード（玄関側立面図）

Plate 5

Style Henri IV
アンリ4世様式

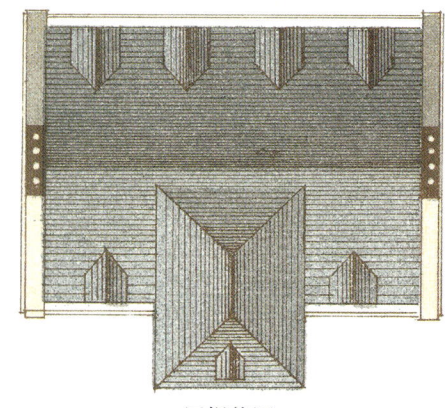

屋根伏図

帯状装飾ファサードの家

この住宅のファサード装飾は石材の層とレンガ材の層を交互に重ねたものである。これまで示してきた住宅群よりも幾分控えめだが、美しい外観である。同じく、付属の部屋が屋根裏階にみられる。

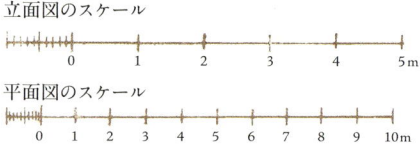

立面図のスケール
平面図のスケール

- 建築家E・ルブランによる製図
- 建築面積 105 平方メートル

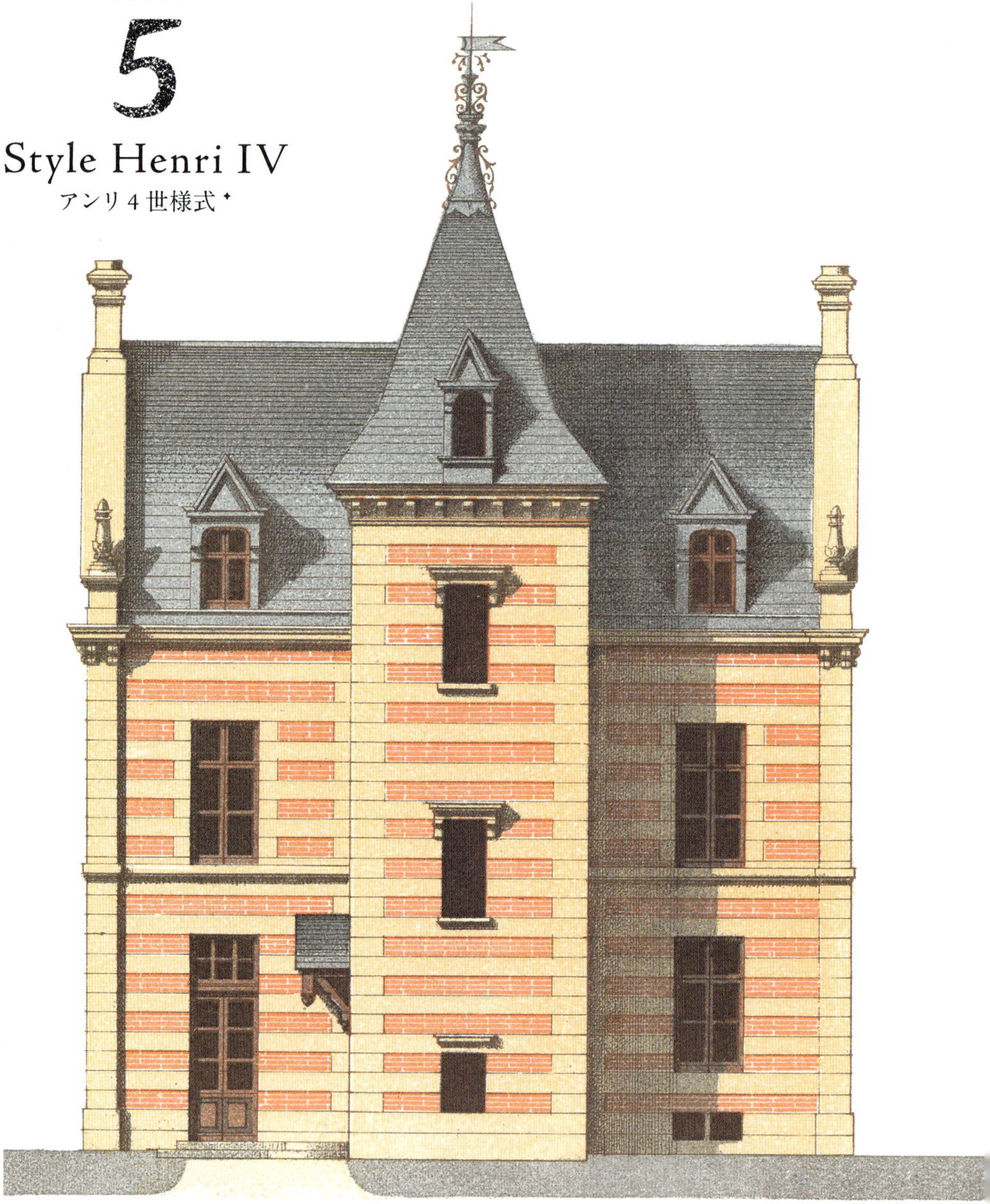

前庭側ファサード（玄関側立面図）

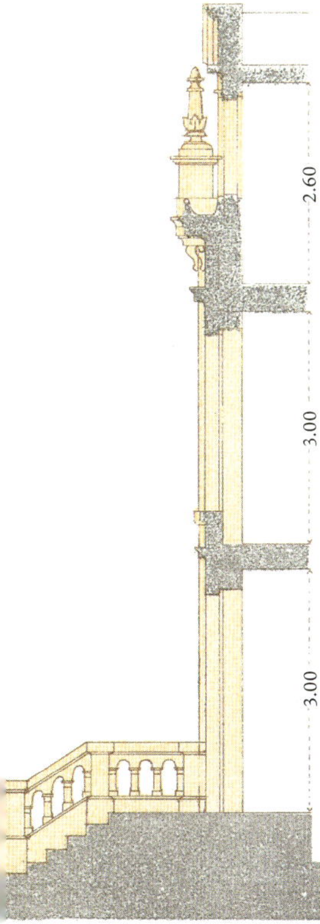

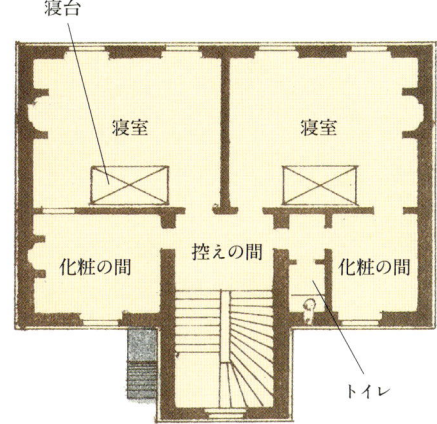

2階平面図

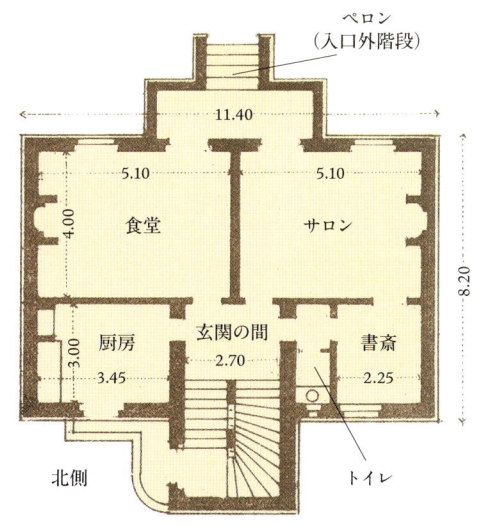

1階平面図

ペロン（入口外階段）を通した断面図

庭園側ファサード（立面図）

Plate 6

Style Henri IV
アンリ4世様式

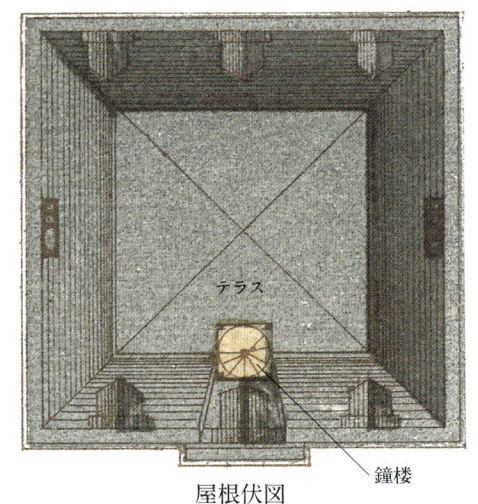

屋根伏図　鐘楼　テラス

正方形テラスの住宅

この住宅では、アンリ4世時代の様式を採用している。鐘楼を備えた広大なテラスが上にあり、この鐘楼が主要な正面外壁にある小規模なアヴァン・コール（突出部）の頂部を巧みな手法で飾っている。極めて単純な様式の構築物だが、それがある種の偉大な雰囲気を備え、緑の背景の中では際立って、一層素晴らしい印象を与える。注目すべきは、完全に正方形形態をなす平面構成と、快調に各部屋がつながる配置の素晴らしさである。

立面図のスケール
平面図のスケール

● 建築家E・ルブランによる製図　● 建造物の建築面積121平方メートル

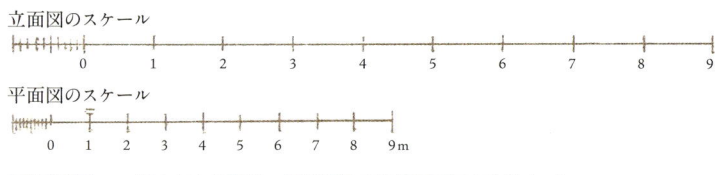

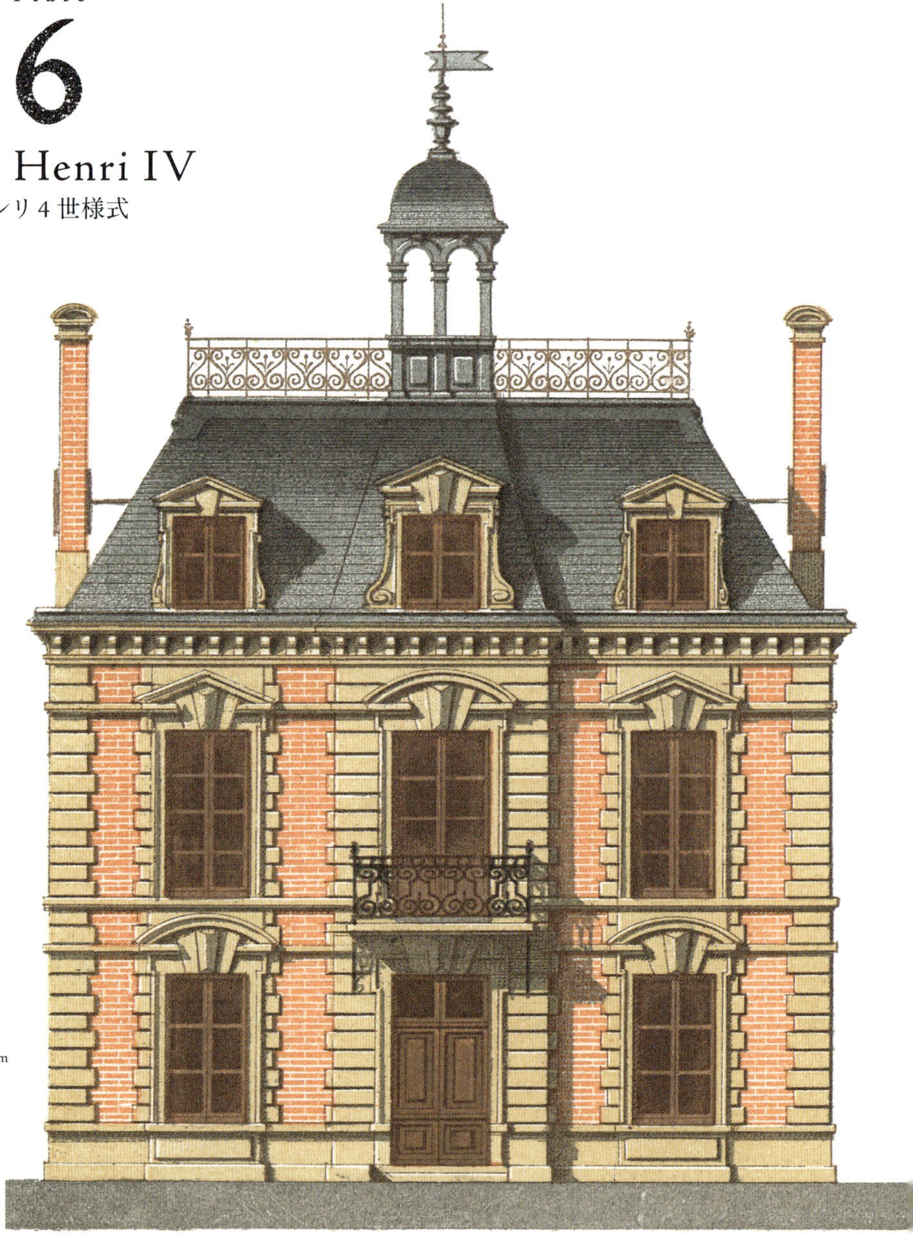

前庭側ファサード（玄関側立面図）

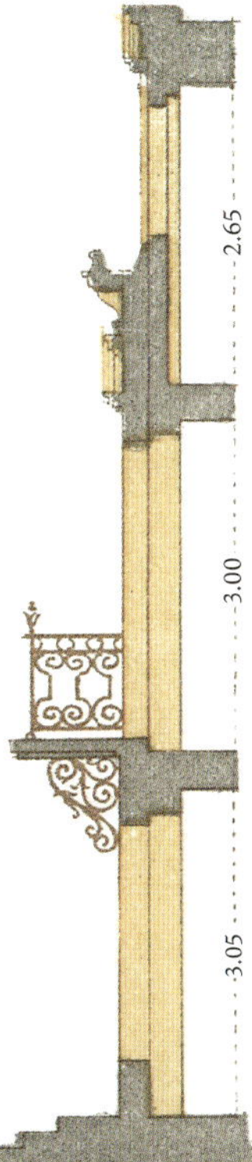

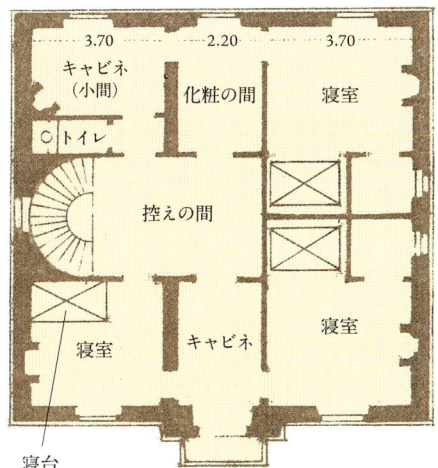

2階平面図

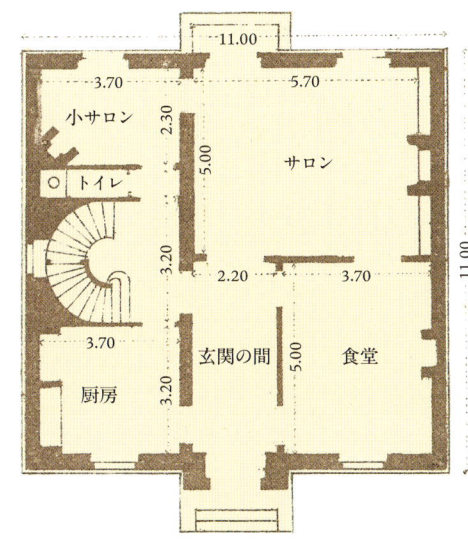

1階平面図

断面図  庭園側ファサード（立面図）

Plate

7

Style Louis XIII
ルイ13世様式

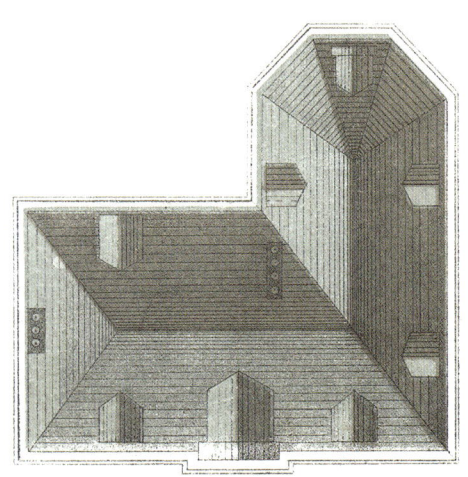

屋根伏図

L字型の邸宅

内外の装飾物のシステムについてはPlate6と同様の構築物だが、平面構成の方はまったく異なっている。この様式はルイ13世治世下に流行したもので、先行のアンリ4世様式よりもさらに単純である。これが外観を一層慎ましやかに見せている。

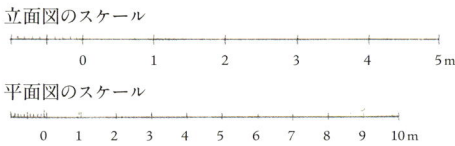

立面図のスケール
0　1　2　3　4　5m

平面図のスケール
0　1　2　3　4　5　6　7　8　9　10m

● 建築家ルブランによる製図
● 延べ面積106平方メートル

正面外壁の断面図 　　　　前庭側ファサード（玄関側立面図）

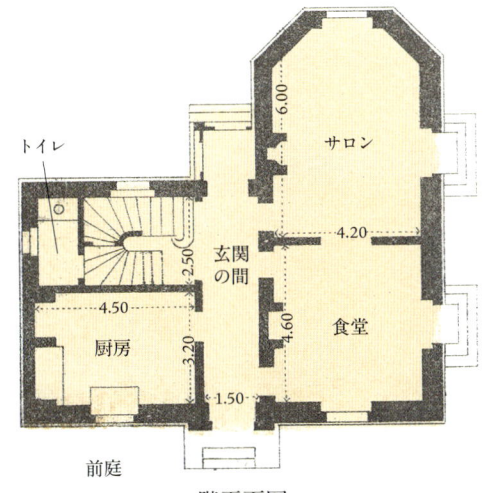

食堂・サロン側ファサード（立面図）

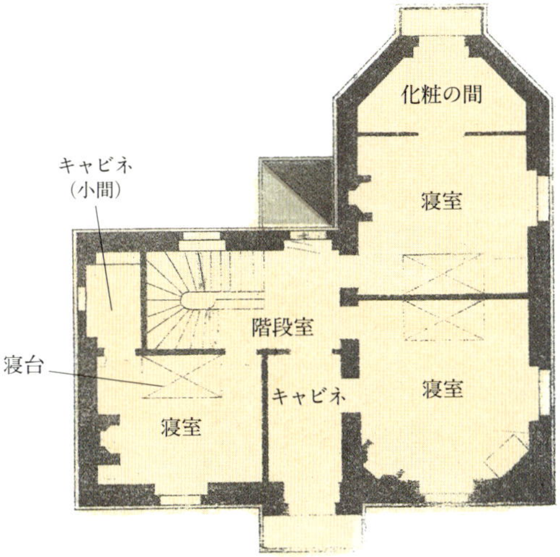

2階平面図

1階平面図

屋根伏図

地下階平面図

Plate

8

Style Louis XVI

ルイ16世様式

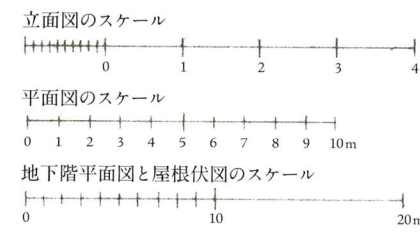

立面図のスケール

0　1　2　3　4m

平面図のスケール

0　1　2　3　4　5　6　7　8　9　10m

地下階平面図と屋根伏図のスケール

0　10　20m

- 建築家E・ルブランによる製図
- 建築面積195平方メートル

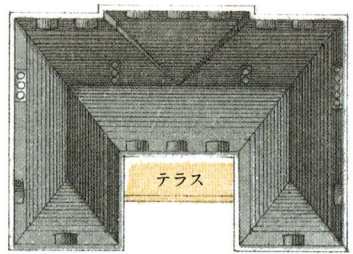

地下のある小邸館

この図版にはルイ16世様式の小規模邸館がみられる。その主な長所は、この時代のあらゆる建造物にみられるように、建築の豪華さや輝かしさよりも、各部分の美しい比例関係にある。外観の単純さは、通常、内部を豪壮にすることで釣り合いがとれる。

玄関の間の
外壁断面図

1階平面図

2階平面図

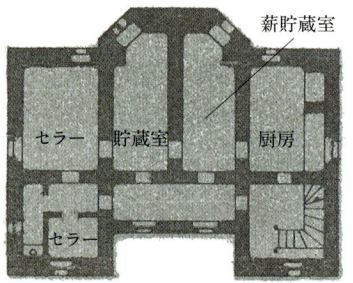

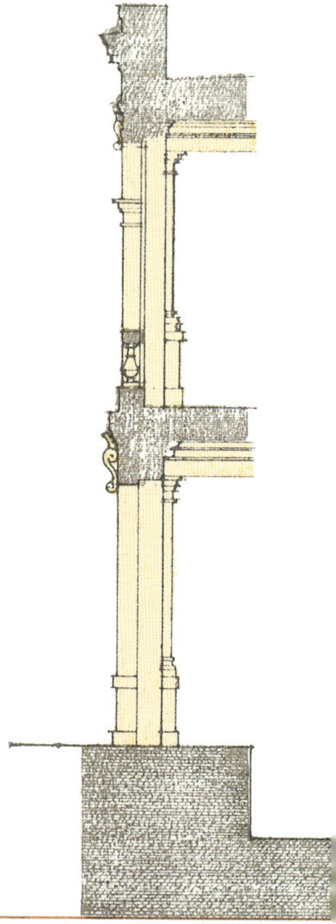

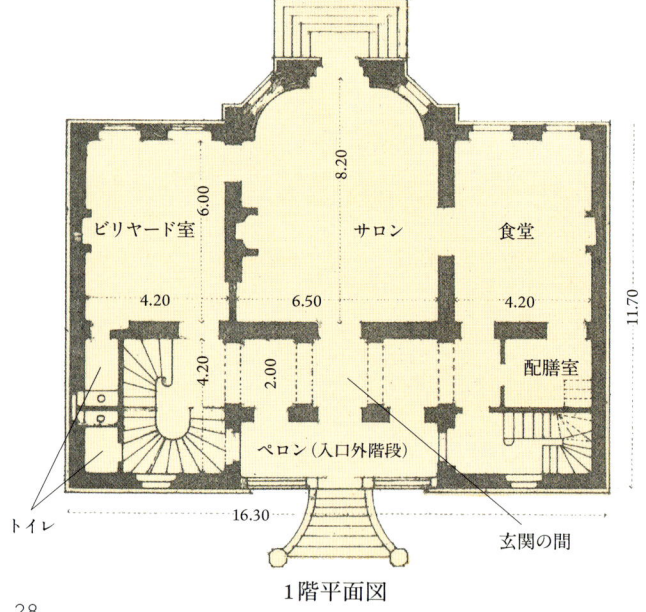

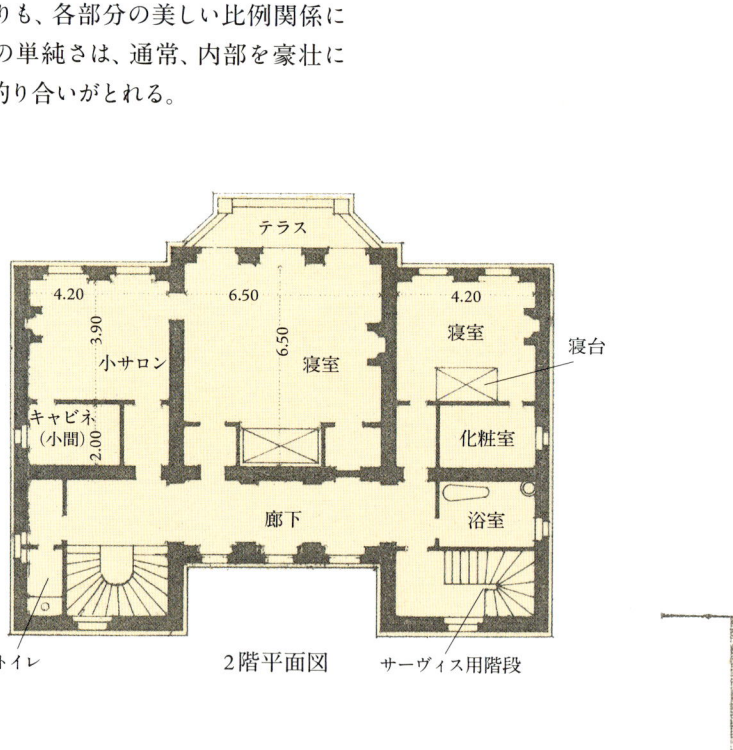

立面図

玄関の間の内壁

Plate 9

Style Louis XIV
ルイ14世様式

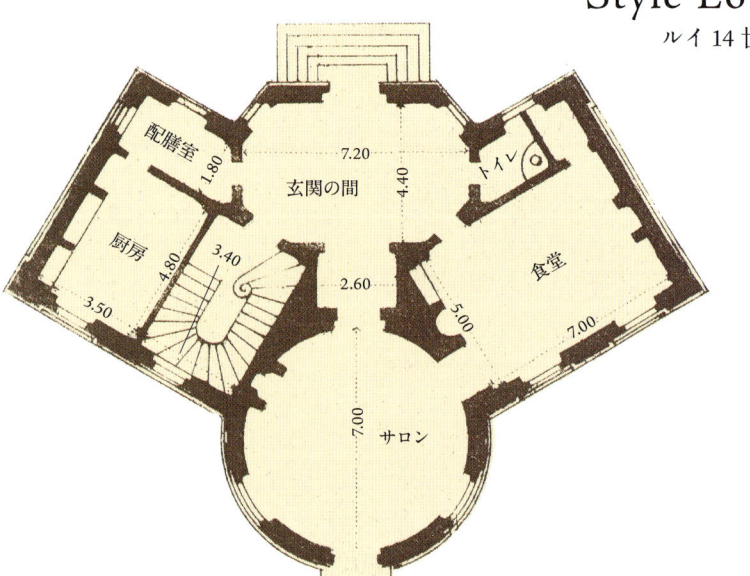

1階平面図

2階平面図

交差点に面した住宅

ここまで検討してきたものよりも重要な建造物であり、フランス中部において、17世紀に建てられた城館の一種の縮小版である。建築は極めて単純だが、この構築物は遠くからみた時に印象深い。平面配置は長方形形態とは全く異なり、そのファサードに動きを与え、外観全体にわたって光と影の効果を生みだしている。

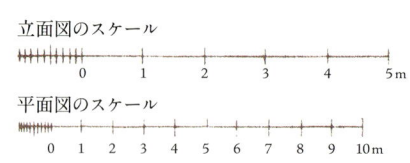

● 建築家E・ルブランによる製図　● 建築面積214平方メートル

庭園側ファサード（立面図）

Plate 10
Style Louis XIV
ルイ14世様式

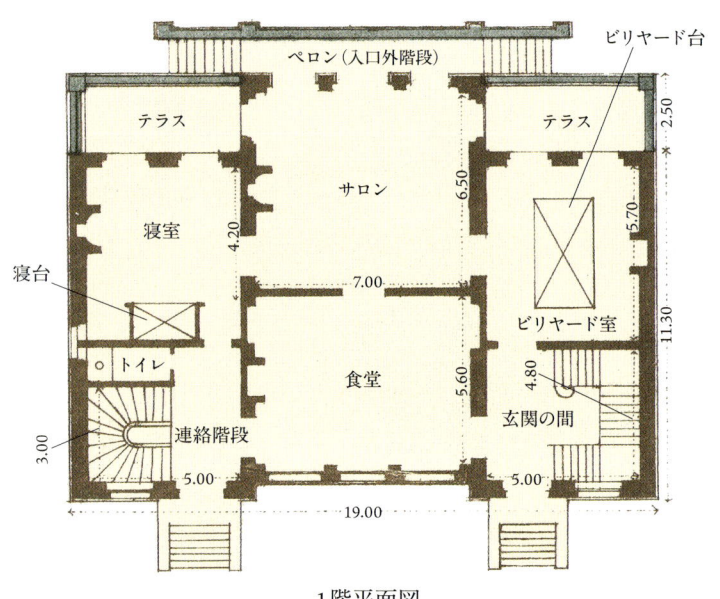

1階平面図

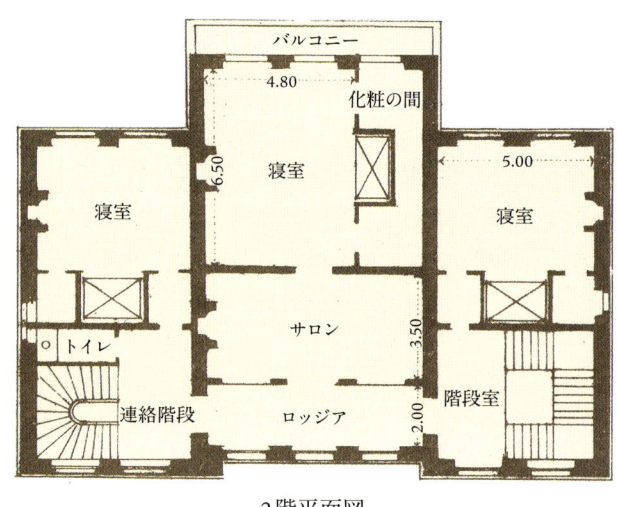

2階平面図

裕福な家庭のための大邸宅

ルイ14世の建築様式による大邸宅、あるいは邸館。富裕な家族にふさわしく、多くの人を収容できる。1階の配置、ペロン（入口外階段）やテラスは注目に値する。

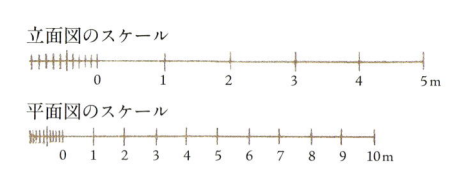

立面図のスケール
平面図のスケール

●建築家E・ルブランによる製図　●建築面積231平方メートル

庭園側ファサード（立面図）

断面図

3.60

4.00

Plate 11

Style François 1ᵉʳ
フランソワ1世様式

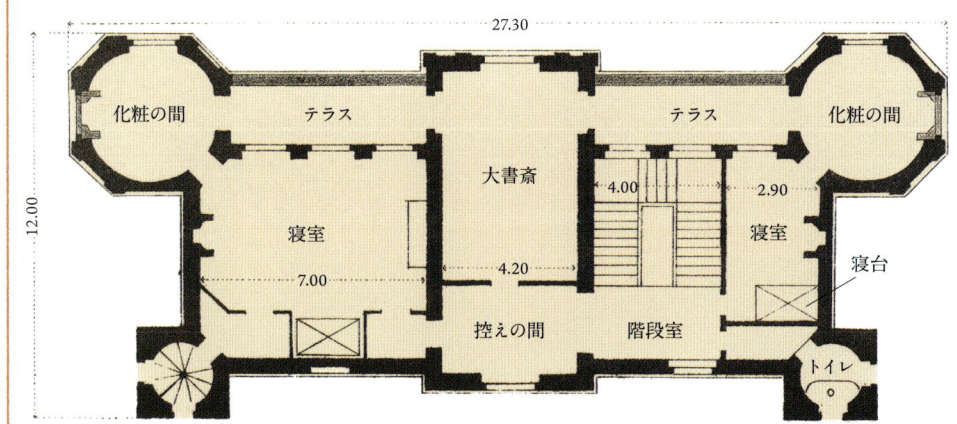

2階平面図

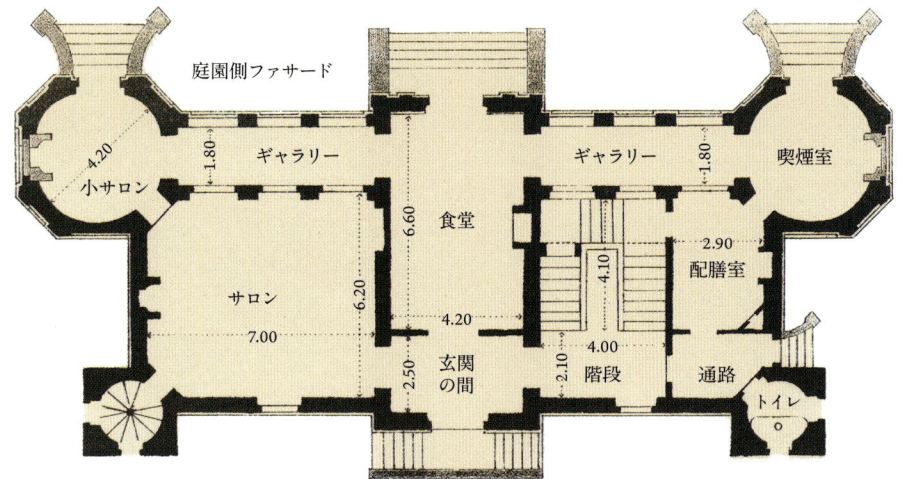

1階平面図

壮大なルネサンス風城館

各隅部にトゥーレル（小塔）を備えたルネサンスの城館。そのファサードは様々に異なる要素の組み合わせだが、中でもスレート葺き、あるいは同様の外観を持つあらゆる材料で葺かれた屋根が特に目を引く。ル・メーヌ(*)、アンジュー(*)、ノルマンディー(*)の、一部の16世紀の構築物において、この種の装飾を備えた作例が多くみられる。屋根のスレートは、ニスで仕上げたテラコッタ、あるいは琺瑯仕上げのラーヴで代替することができる。Plate12では屋根裏階の葺き材は一様だが、この図版と同様に2種類の色調のスレートに替えることもできる。ここでは、2種のスレートが当時の趣味にしたがって菱形模様を形成している。壮大な平面配置はフランソワ1世時代の城館群のそれを思い起こさせる。

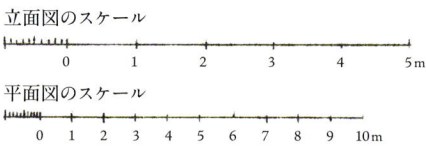

立面図のスケール
平面図のスケール

● 建築家E・ルブランによる製図　● 建築面積は243平方メートル

*…いずれもフランス北西部の地方であり、かつてはフランス王国内の諸候領だった。

前庭側ファサード（玄関側立面図）
（庭園側ファサードについてはPlate12を参照）

Plate

12

Facade
sur le Jardin
de
la Maison Pl.11

Plate11の庭園側ファサード（立面図）

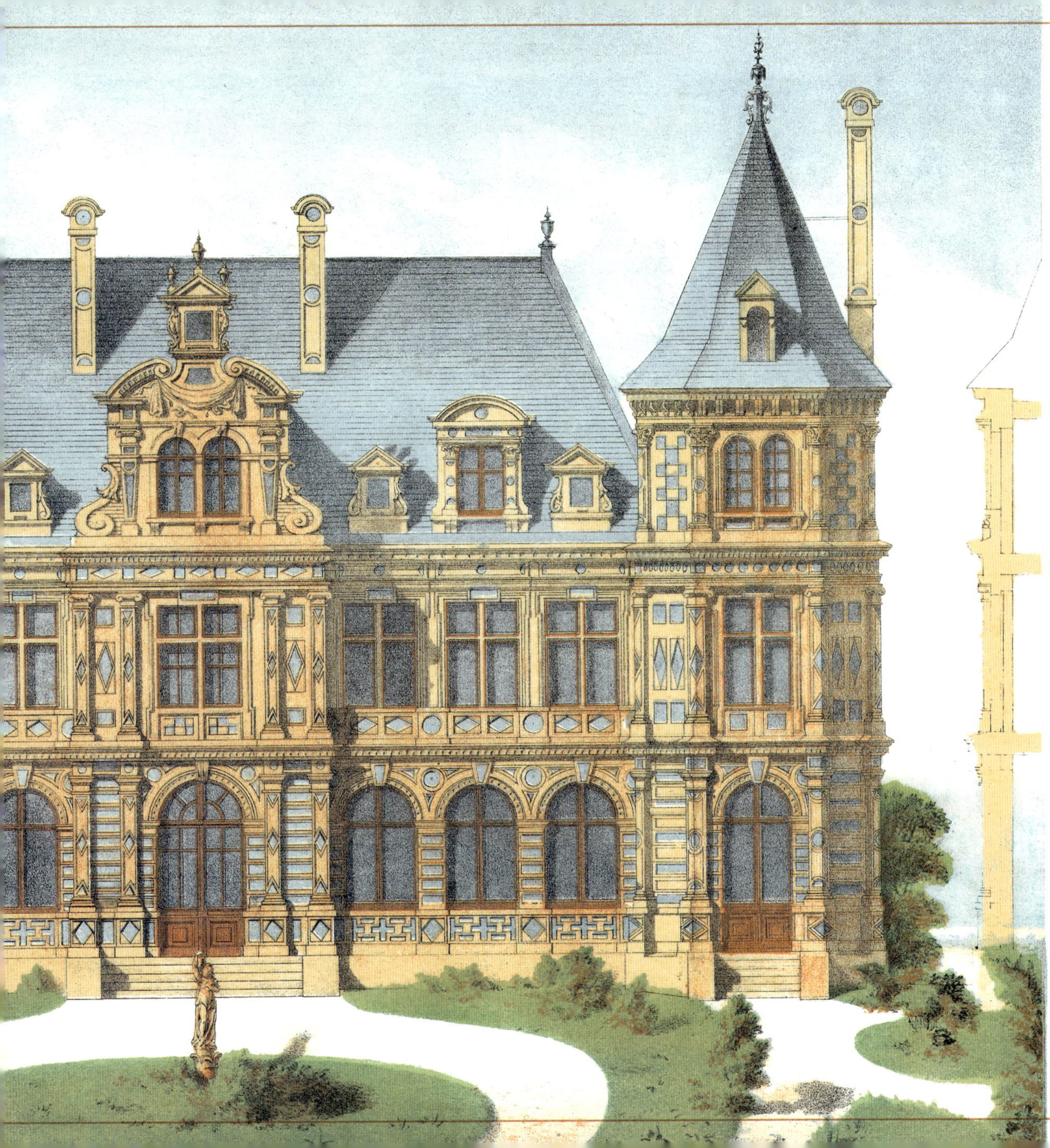

Plate 13

Maisons de diverse nations
諸外国の住宅

屋根伏図

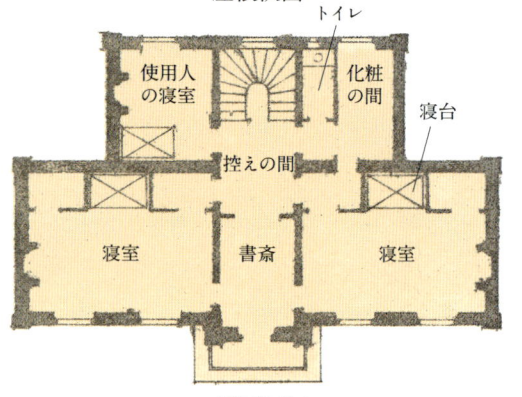

2階平面図

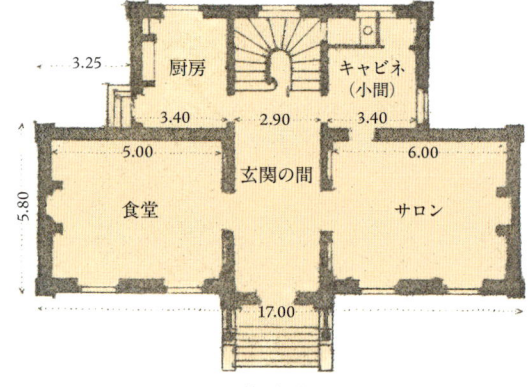

1階平面図

中心の切妻屋根

バイエルン風住居

この美しい住宅について、制作者は南ドイツ、とくにバイエルンの近世住居から着想を得た。注目すべきは無垢の角材がその装飾において大きな部分を占め、極めて独特な性格を生み出していることである。さらに、小屋組は大きく突き出しており、そこをランブルカン（軒先飾り）が縁取っている。それぞれの窓の前には突き出たバルコニーがみられ、同様に木造である。ここにはかつての城館に由来するものはもはや何も見当たらず、まさに田舎の住居、田舎家(いなかや)となっている。ただ、この田舎家は広大で快適で優雅であり、最もゆとりに満ちた息吹を感じることができる。

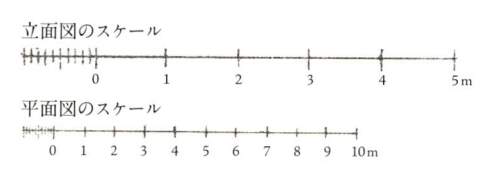

立面図のスケール
平面図のスケール

● 建築家E・ルブランによる製図
● 建築面積136.00平方メートル

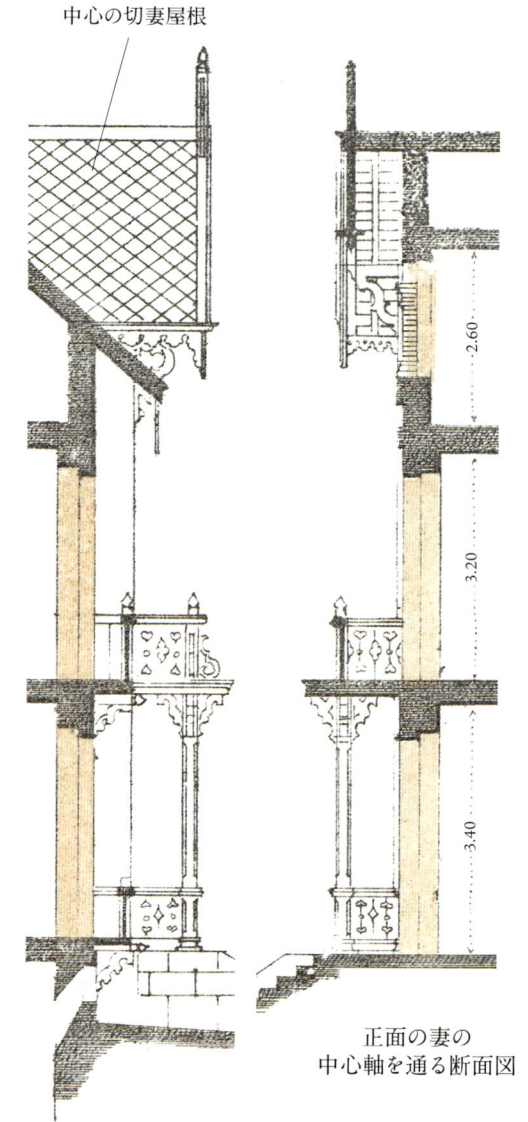

正面左右の窓の一つの中心軸を通る断面図

正面の妻の中心軸を通る断面図

（2階平面図ラベル）使用人の寝室／トイレ／化粧の間／寝台／控えの間／寝室／書斎／寝室

（1階平面図ラベル）厨房／キャビネ（小間）／食堂／玄関の間／サロン

立面図

Plate 14

Maisons de diverse nations
諸外国の住宅

屋根伏図

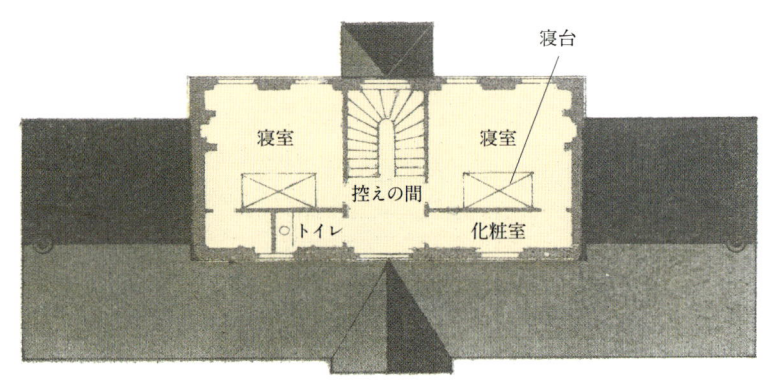

2階平面図

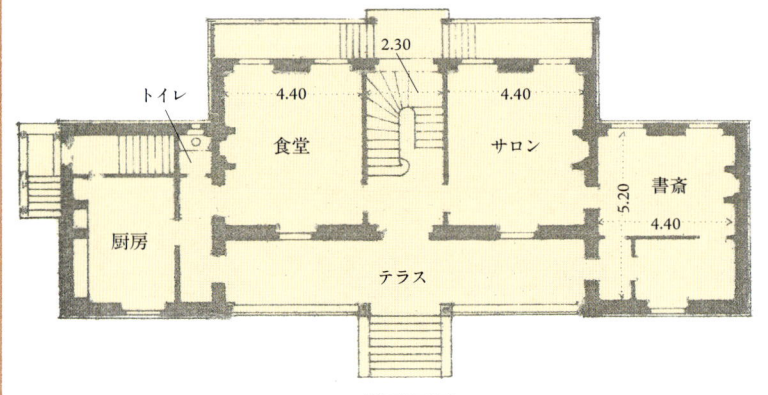

1階平面図

イングランド風コテージ

この構築物はPlate13と同じジャンルのものだが、配置と装飾はまったく異なっている。豊かな田舎家(いなかや)という点では同様だが、さらに瀟洒(しょうしゃ)なものになっていて、先の作例のバイエルン的な性格はイングランド人がコテージ(山荘)と呼ぶ住宅のそれに取って代わられている。両方とも本書の中では新奇性という長所を備えており、よくデザインされて植樹された小庭園において、極めて魅惑的な効果を醸し出す。周りを囲う輝かしい花々と完全に調和している。

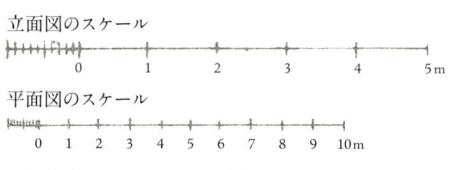

立面図のスケール

平面図のスケール

- 建築家E・ルブランによる製図
- 建築面積136平方メートル

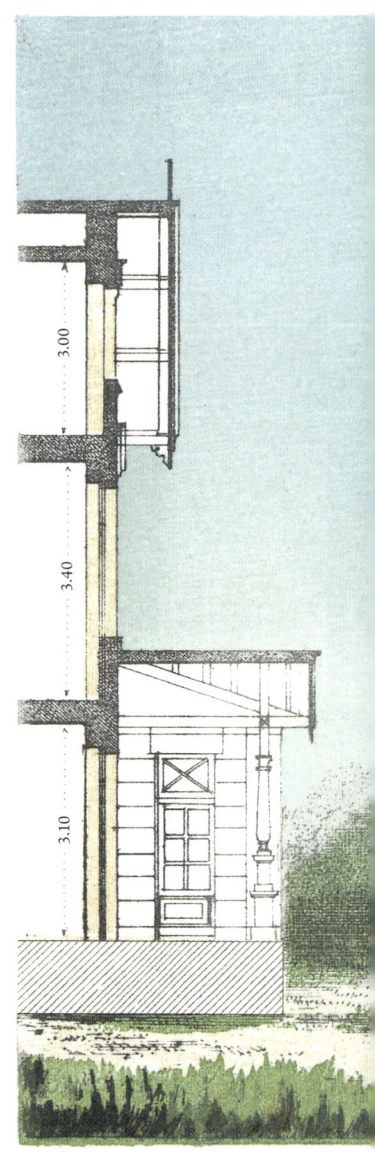

正面の妻の
中心軸を通る断面図

立面図

Plate 15

Maisons de diverse nations
諸外国の住宅

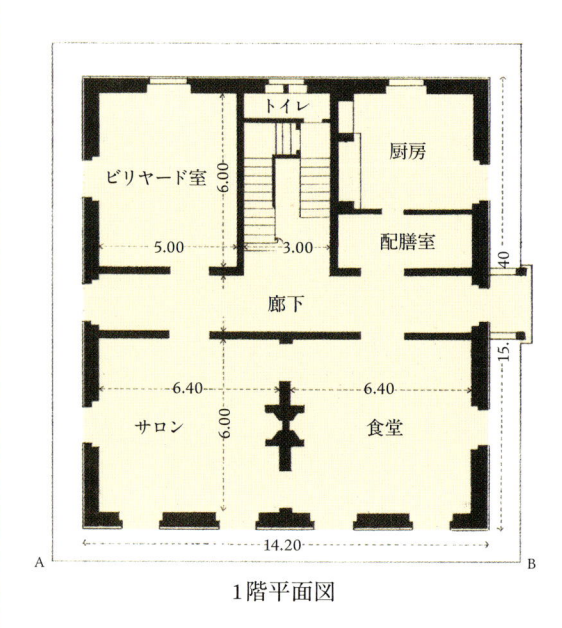

フランス風シャレ

正式なシャレ（山荘）と言えなくても、また少なくとも、緑なす渓谷やアルプスの荘厳な斜面にピトレスクな風味で建っているようなものではないとしても、この住宅は全体が木造であり、主要な材料は無垢材である。石材は、1階開口部のアンポスト（迫台）(*1)のレベルに引かれた、バンド（帯状装飾）(*2)より下の部分でのみ使われている。木造の長いバルコニーには、小屋組の突出部を支える支柱が立っており、その他にランブルカン（軒先飾り）や、同じ手法による付属装飾がこの住宅の装飾を完全なものにしている。この住居をフランス風シャレと言えるのは、これらの装飾ゆえであり、またこのプロトタイプがフランス東部の諸県の山岳地帯でみられるからである。作例の2階平面図には寝室に使われる部屋が一つだけみられるが、これは主人のためのものである。その他の寝室群は3階にある。

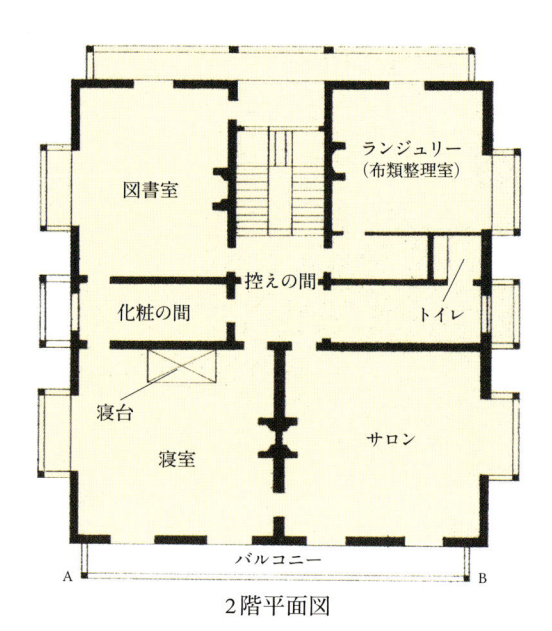

1階平面図

立面図のスケール
平面図のスケール

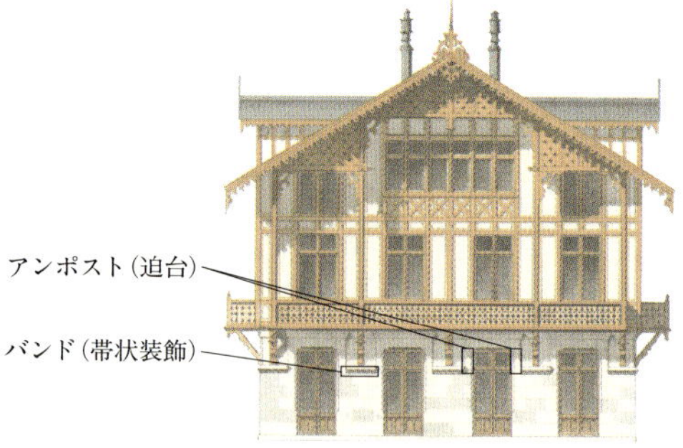

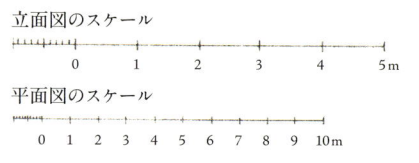

- 建築家 L・ルブランによる製図
- 建築面積 219.00 平方メートル

2階平面図

アンポスト（迫台）
バンド（帯状装飾）

*1…1階開口部側面の、上部四分の一くらいを占める石材を指すと思われる。　　*2…同じく1階開口部側面の、上部四分の一くらいのところを通っているバンドを指すと思われる。

AB面の立面図

中心の切妻屋根

Plate
16
Maisons de diverse nations
諸外国の住宅

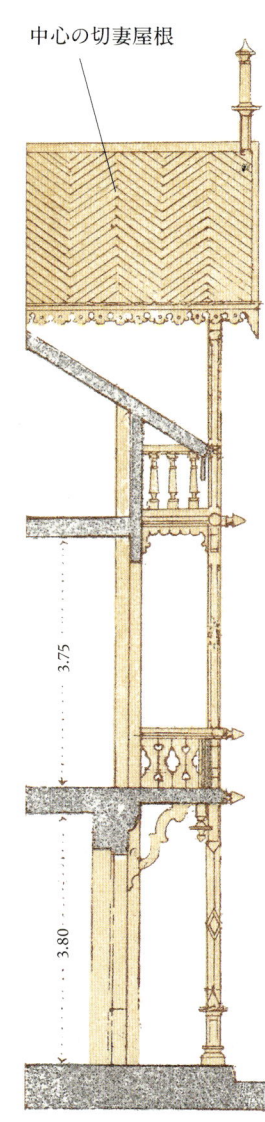

ハーフティンバーのコテージ

この図版もイングランド風のコテージ（山荘）の作例だが、Plate14のものとは似ていない。その違いは主に様式の相違であり、先の作例が極めて近世的であるのに対して、これはかなり古風で、ほとんどゴシックといってもよい。また、その構造においても大きく異なっていて、木材がさらに使用されている。ただ、コロンバージュ（妻）がプラスター（石膏）ではなくレンガ造である点だけは、Plate14と同様である。聖アンデレの十字架(*)が柱間に施されている。やはり古風な趣味で施工された屋根は2種類の色調のスレートで葺かれており、シェヴロン紋（逆V字紋）をかたどるように配置されている。この種の住宅は、本書の図版のように、樹木に囲まれているときに最大の効果を発揮するだろう。

立面図のスケール
0 1 2 3 4 5 6 7 8 9 10m

● 建築家E・ルブランによる製図

正面端の窓の中心軸を通る断面図

正面の中心軸を通る断面図

*…X字型の十字架のこと。

立面図

二種のファサード・デザインの城館

この図版についてはPlate19のところで解説する。Plate19をもって完結するからである。

Plate
17
Style Louis XV
ルイ15世様式

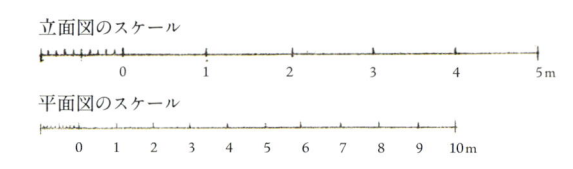

立面図のスケール 0 1 2 3 4 5m
平面図のスケール 0 1 2 3 4 5 6 7 8 9 10m

● 建築家E・ルブランによる製図
● 付属建造物（庭園管理人住宅）の建築面積49平方メートル

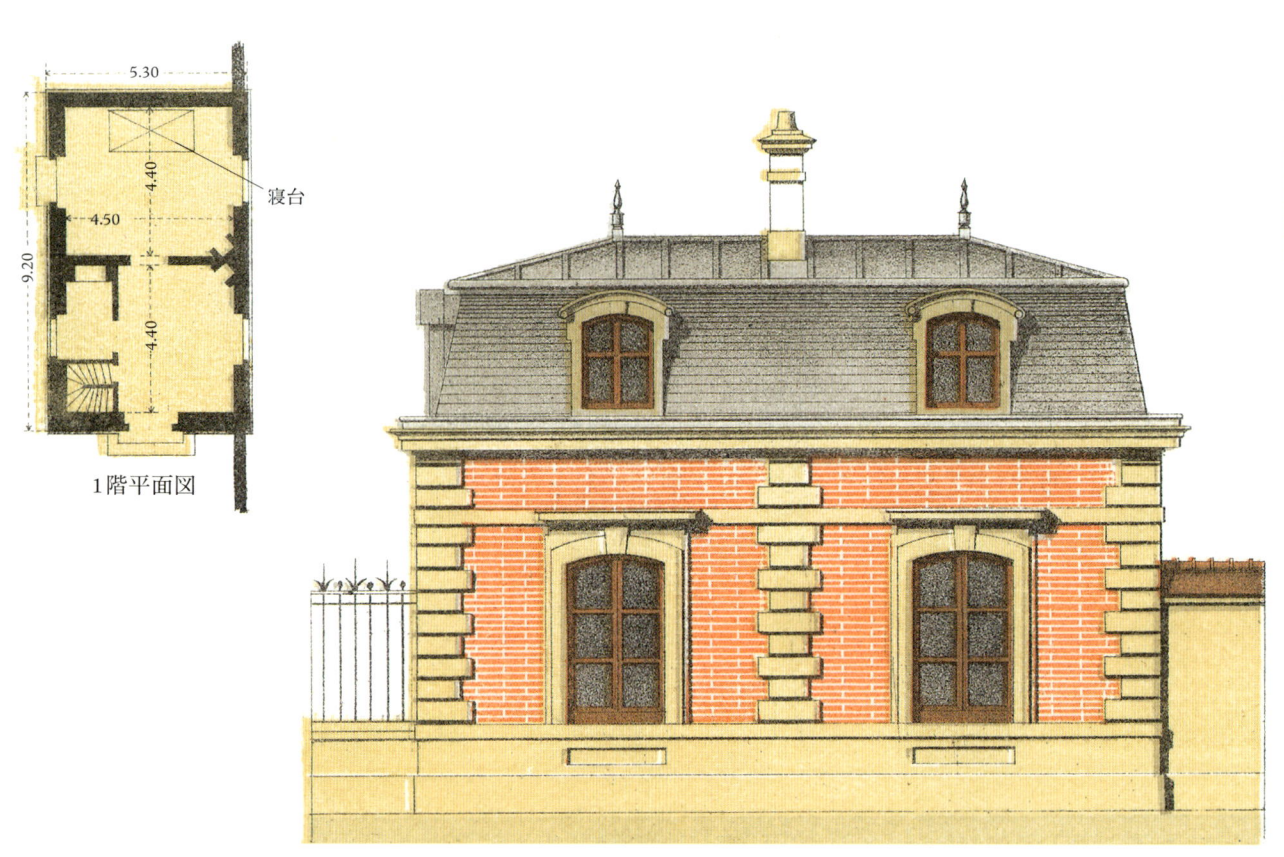

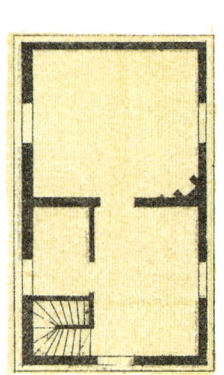

寝台

1階平面図

2階平面図

庭園管理人住宅（主人の邸宅とは別の建物）

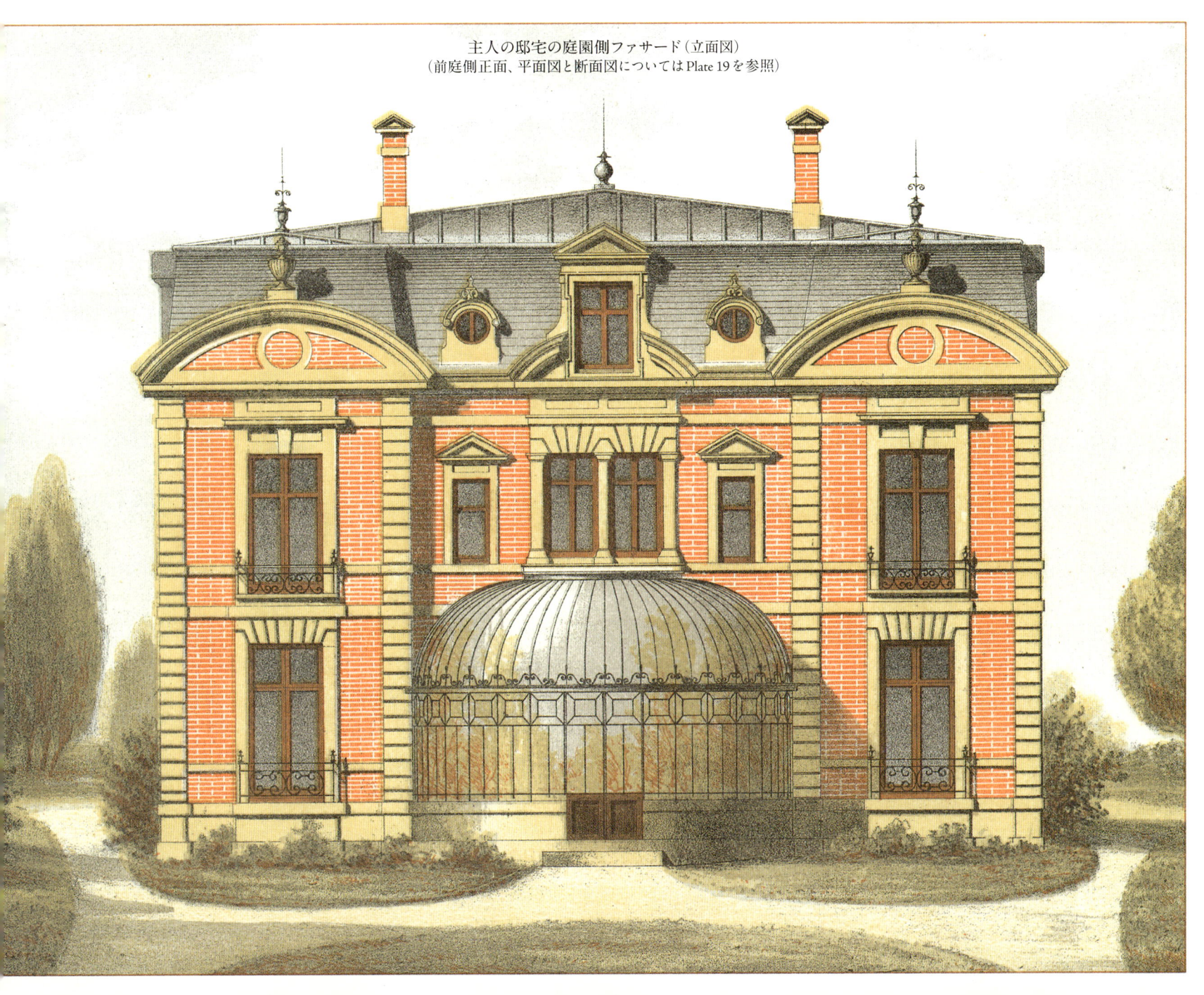

主人の邸宅の庭園側ファサード（立面図）
（前庭側正面、平面図と断面図については Plate 19 を参照）

Plate

18

Eclectisme
折衷様式

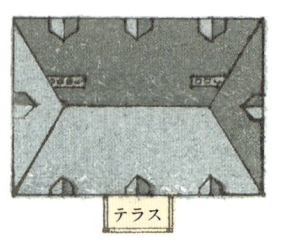

屋根伏図

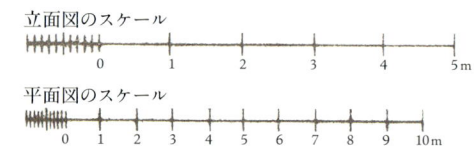

立面図のスケール
平面図のスケール

● 建築家ルブランによる製図
● 建築面積145平方メートル

折衷様式の住宅

折衷様式による住宅。石材か切石材、レンガ、および、無垢材によるハーフティンバー(*)で建設され、コロンバージュ(妻)はプラスター製である。コロンバージュのパネルは、リラ色、またはくすんだバラ色や青味がかった緑色で塗装してもよい。

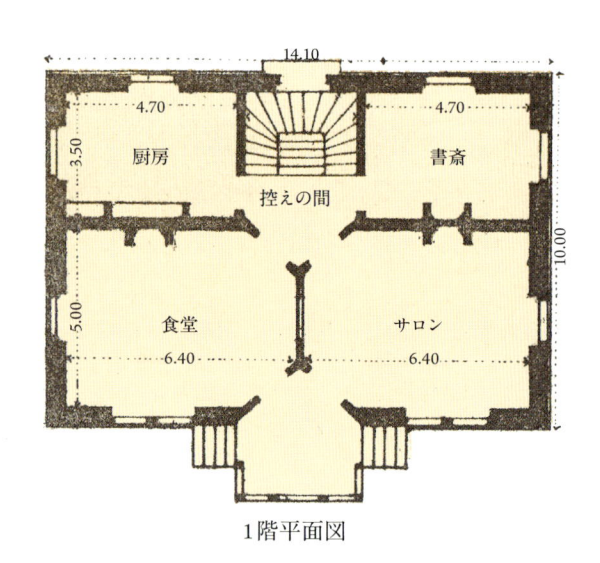

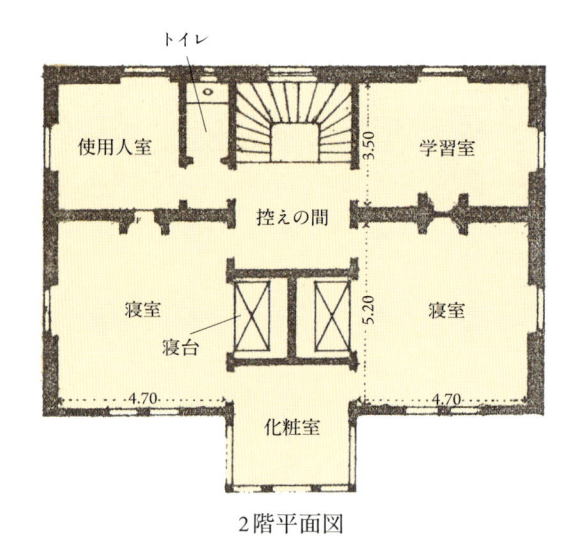

1階平面図

2階平面図

*…おもに中世の木造民家、あるいはその構法のこと。

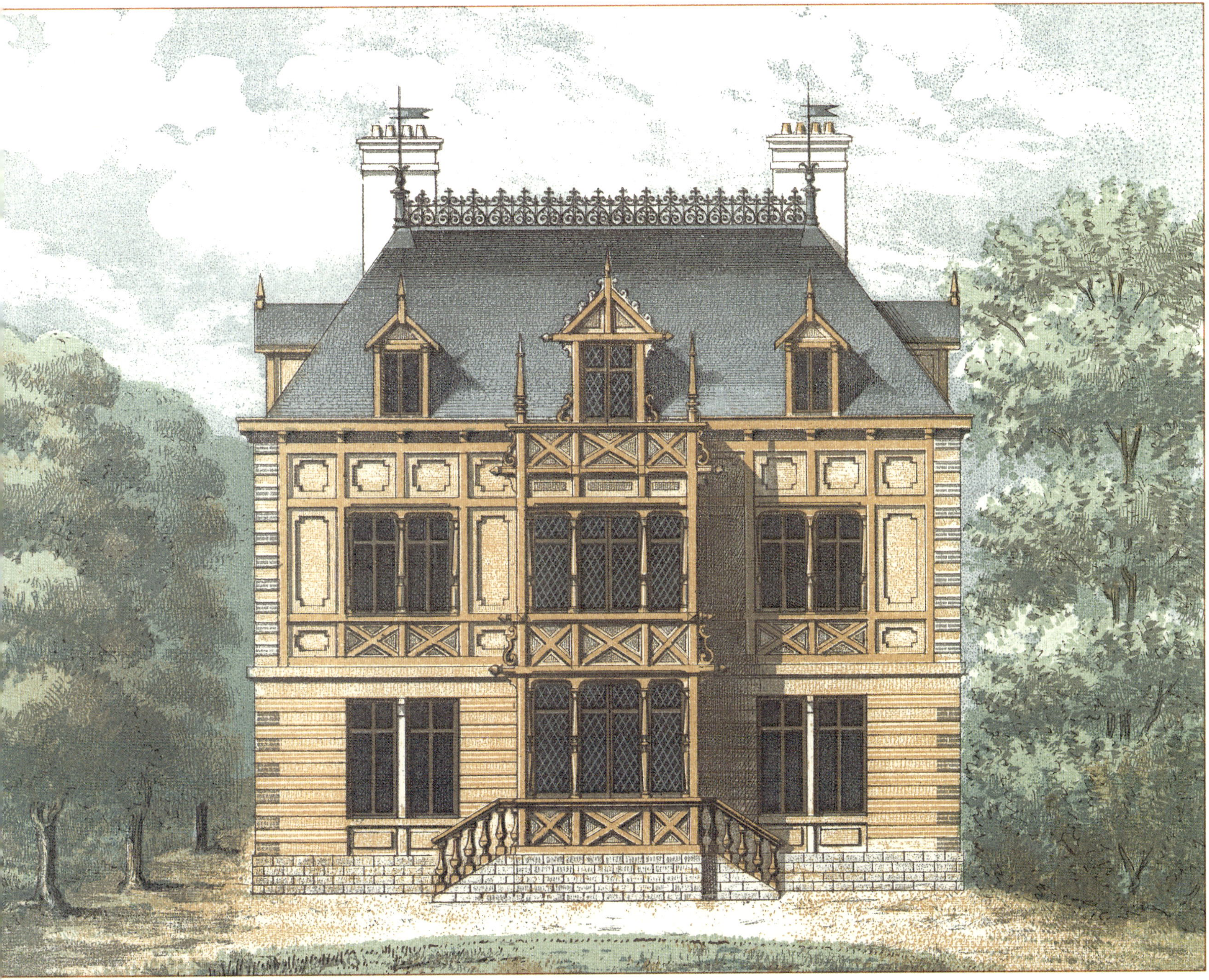

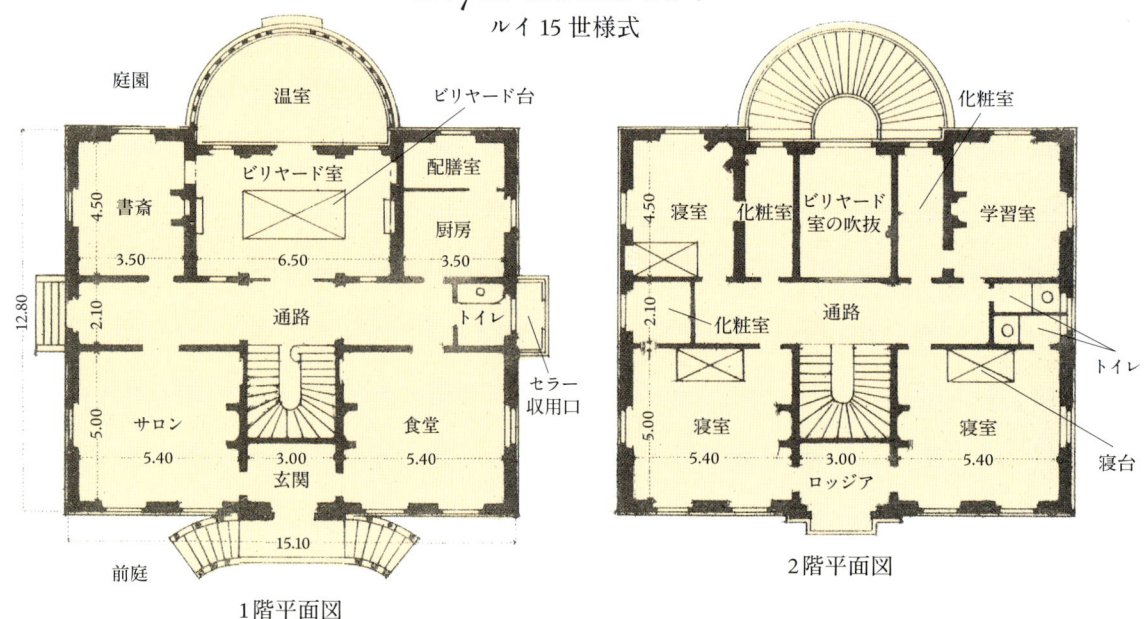

Plate 19

Style Louis XV
ルイ15世様式

1階平面図

2階平面図

中央のロッジアを通る断面図

二種のファサード・デザインの城館

この住居の玄関側と反対側のファサードには、石造とレンガ造というまったく異なる二つの手法が適用されている(Plate17参照)。その他の点ではあらゆる自由が与えられていて、可能な限り同じ手法で統一したり、各ファサードにこれら二つの手法をそれぞれ適用したりできる。こうして、この図版においては主要ファサードは石造である一方で、反対側のファサード(Plate17参照)は石造とレンガ造による手法がとられている。ここで適用された様式はルイ15世様式であり、18世紀当時切石に乏しい国々では、16世紀と同様の手法でレンガがなお使用されていた。この構築物も同じく、領主の小城館を思わせるものとなっている。

立面図のスケール
0　1　2　3　4　5m

平面図のスケール
0 1 2 3 4 5 6 7 8 9 10m

● 建築家E・ルブランによる製図
● 床面積163平方メートル

2.50

3.00

3.20

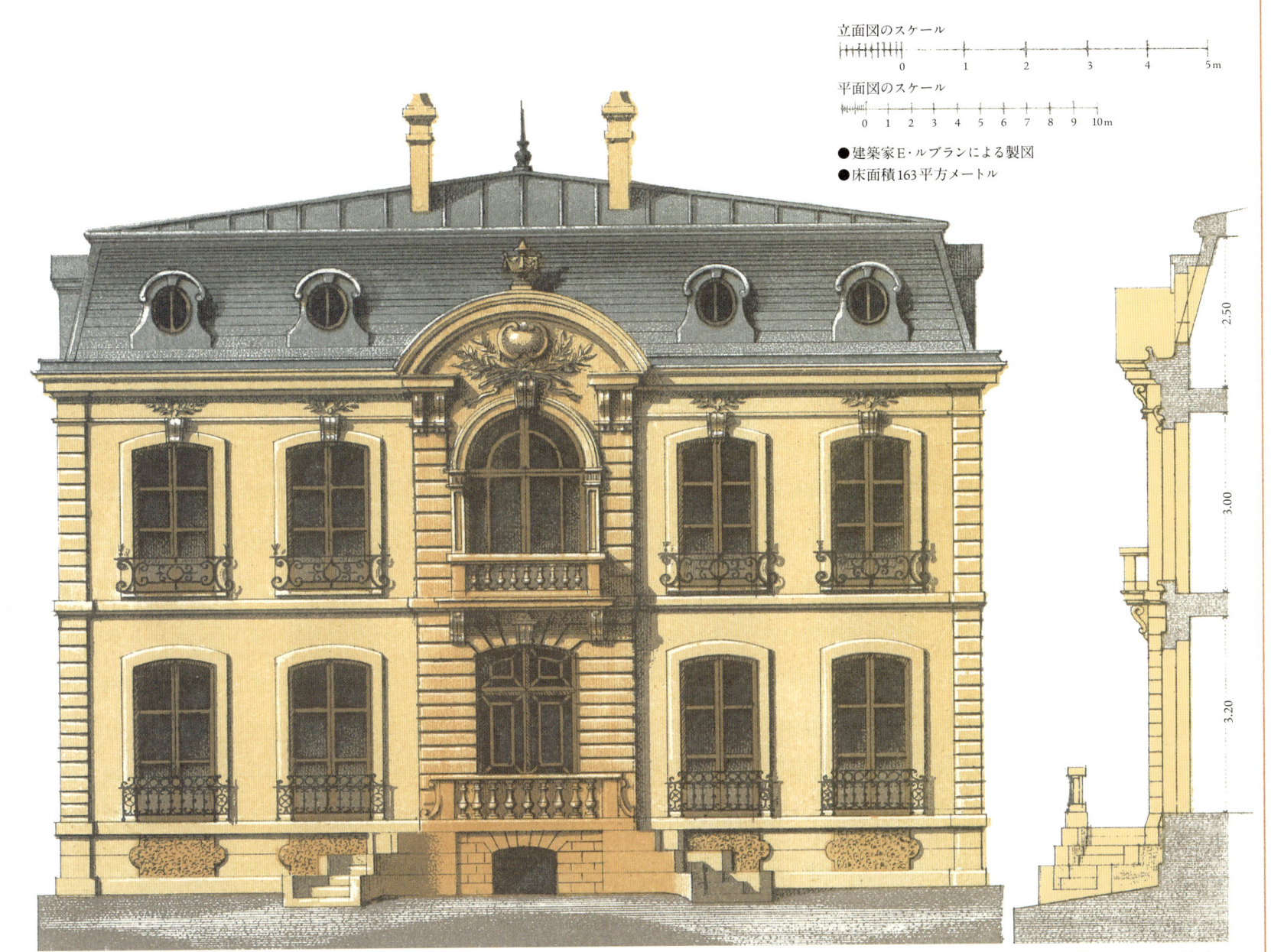

前庭側ファサード（玄関側立面図）

正面端の窓を通る断面図

51

Plate 20

Style gothique
ゴシック様式

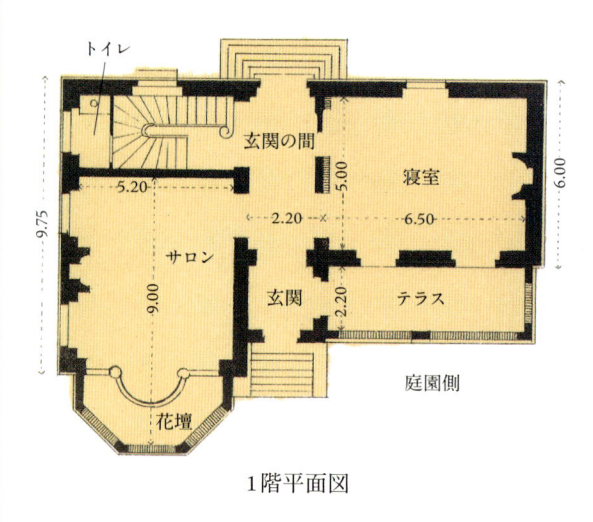

花のテラスのある コテージ

この住宅は中央ドイツや北ドイツの中世末期のものを模しており、配置においても装飾においても、これまで示してきたコテージ群とは異なっている。だが、ここでも、本書で指摘してきたコテージ群についての特徴を、ほぼみることができる。左上にみられる透かしを入れた木造ゲーブル(妻)は、花を飾った小さなテラスを備えており、これはドイツだけでなく北フランスやイングランドでもかつて普及していた類いの構築物である。さらに言うと、この住宅は本図集で最も優雅なものの一つである。

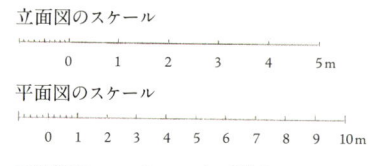

立面図のスケール

平面図のスケール

● 建築家L・ルブランによる製図

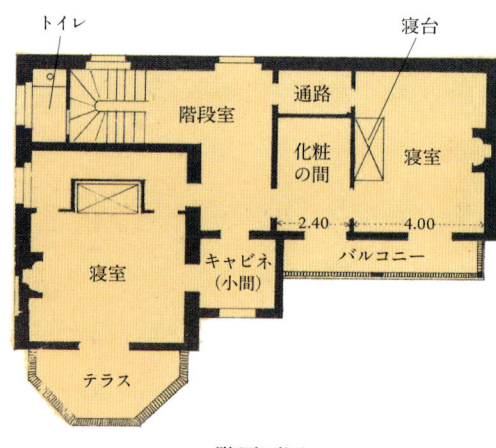

1階平面図

2階平面図

庭園側ファサード（立面図）

Plate 21
Eclectisme
折衷様式

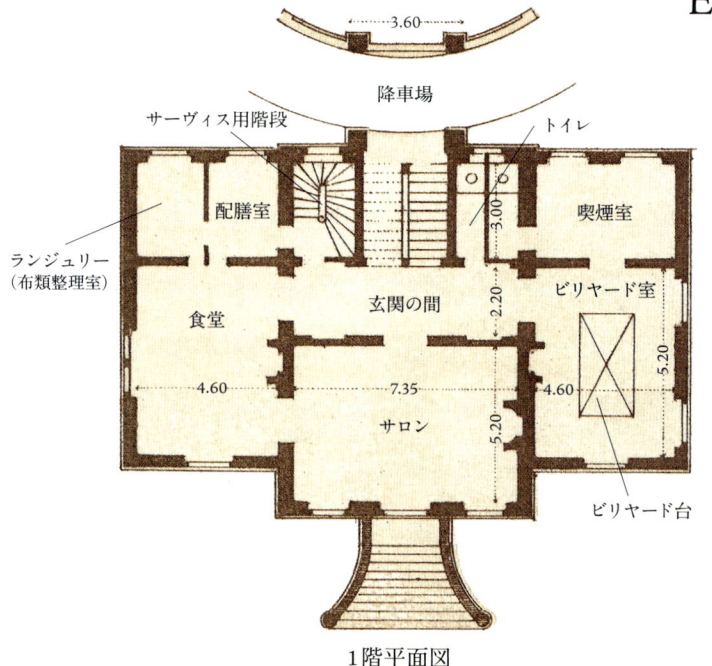

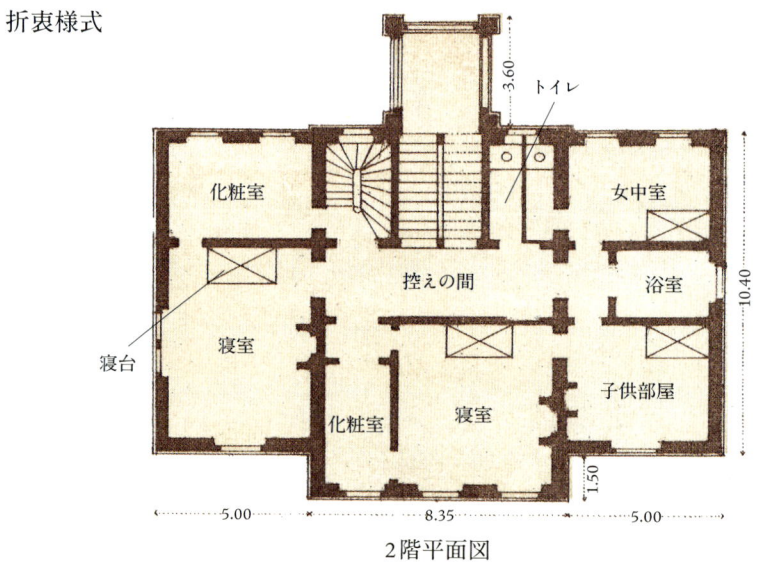

1階平面図

- 降車場
- サーヴィス用階段
- トイレ
- ランジュリー（布類整理室）
- 配膳室
- 喫煙室
- 食堂
- 玄関の間
- ビリヤード室
- サロン
- ビリヤード台

2階平面図

- トイレ
- 化粧室
- 女中室
- 寝台
- 控えの間
- 浴室
- 寝室
- 化粧室
- 寝室
- 子供部屋

パヴィリオンのそびえる小城館

今日流行している近世様式の小城館のようなもの。古代ギリシアとルネサンスを同時に模したものである。その細部は純粋であまり複雑でなく、それゆえ、あまり費用がかからない。建造物の配置をみると、中央部はパヴィリオンの手法でそびえ、金属製装飾物をいただいた高い小屋組を備えている。遠くから眺めるとその姿は特に映え、丘の上に位置する居館として非常にふさわしい。

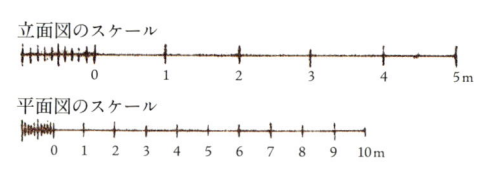

立面図のスケール
平面図のスケール

- 建築家E・ルブランによる製図　● 建築面積216.30平方メートル
- 厨房とその付属施設は地下階に位置する

庭園側ファサード（立面図）

Plate

22

Style Louis XIV
ルイ14世様式

ペロン（入口外階段）　前庭側　サーヴィス用階段

2.40
7.00
5.00　食堂
2.40
配膳室
トイレ
4.25
ビリヤード室　7.00
7.70　4.25
13.50
サロン　書斎　4.80
ビリヤード台
18.00　庭園側

1階平面図

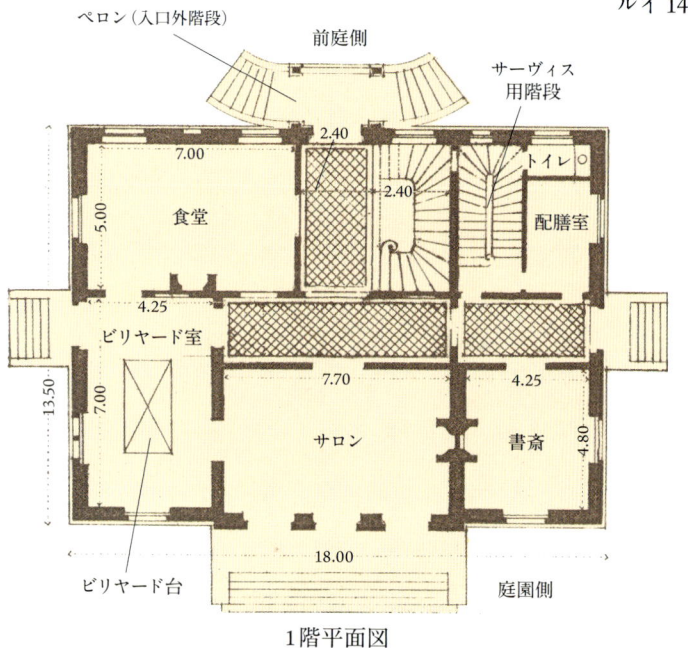

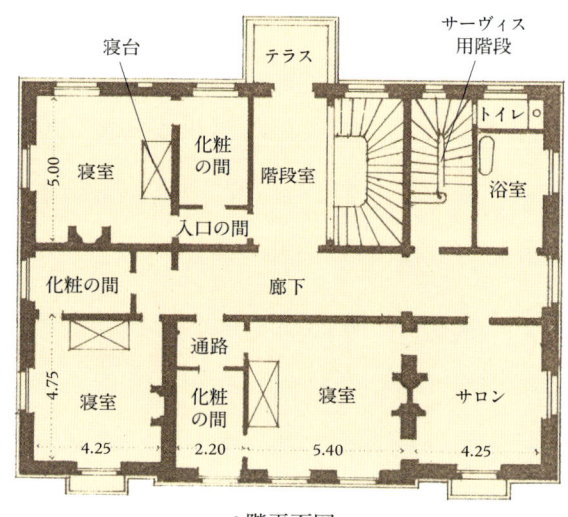

サーヴィス用階段
寝台　テラス
5.00　寝室　化粧の間　階段室　浴室　トイレ
入口の間
化粧の間　廊下
通路
4.75　寝室　化粧の間　寝室　サロン
4.25　2.20　5.40　4.25

2階平面図

大家族のための邸館

豊かで人数の多い家族に極めてふさわしい近世様式の邸館。その平面は広やかに配分され、容易に構築できるようになっている。

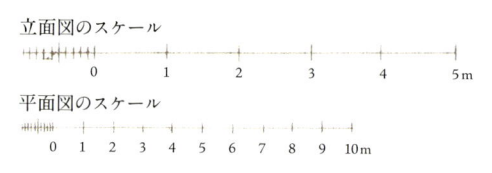

立面図のスケール
0　1　2　3　4　5m

平面図のスケール
0　1　2　3　4　5　6　7　8　9　10m

● 建築家E・ルブランによる製図　● 建築面積345平方メートル

庭園側ファサード（立面図）

Plate 23

Style François 1ᵉʳ
フランソワ1世様式

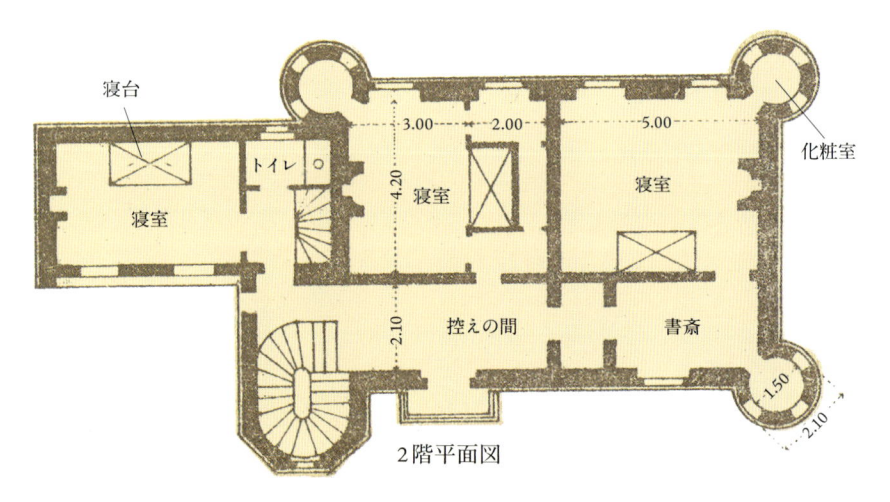

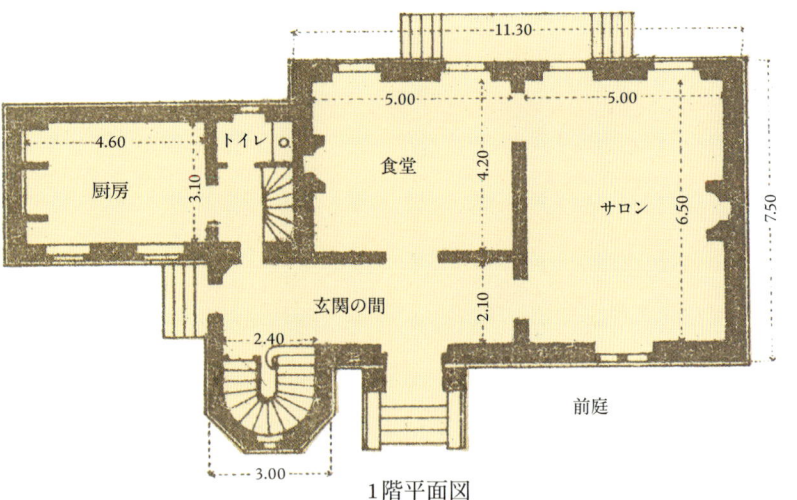

絵画のような
ルネサンス風城館

ロワール川(*)流域でみられるようなルネサンスのカステル(城館)、あるいはマノワール(館)。遠くからみたとき、非常に起伏に富んだシルエットで、非常にピトレスクな外観の住居である。

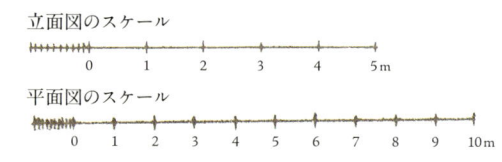

立面図のスケール

平面図のスケール

● 建築家E・ルブランによる製図

2階平面図（寝台、寝室、トイレ、化粧室、控えの間、書斎）

1階平面図（厨房、トイレ、食堂、サロン、玄関の間、前庭）

*…フランス中央部を流れる同国最長の川。長さ1,012km。ロワール川流域にはフランス王侯貴族が建てた多くの城館が点在し、世界的な観光名所となっている。

前庭側ファサード（玄関側立面図）

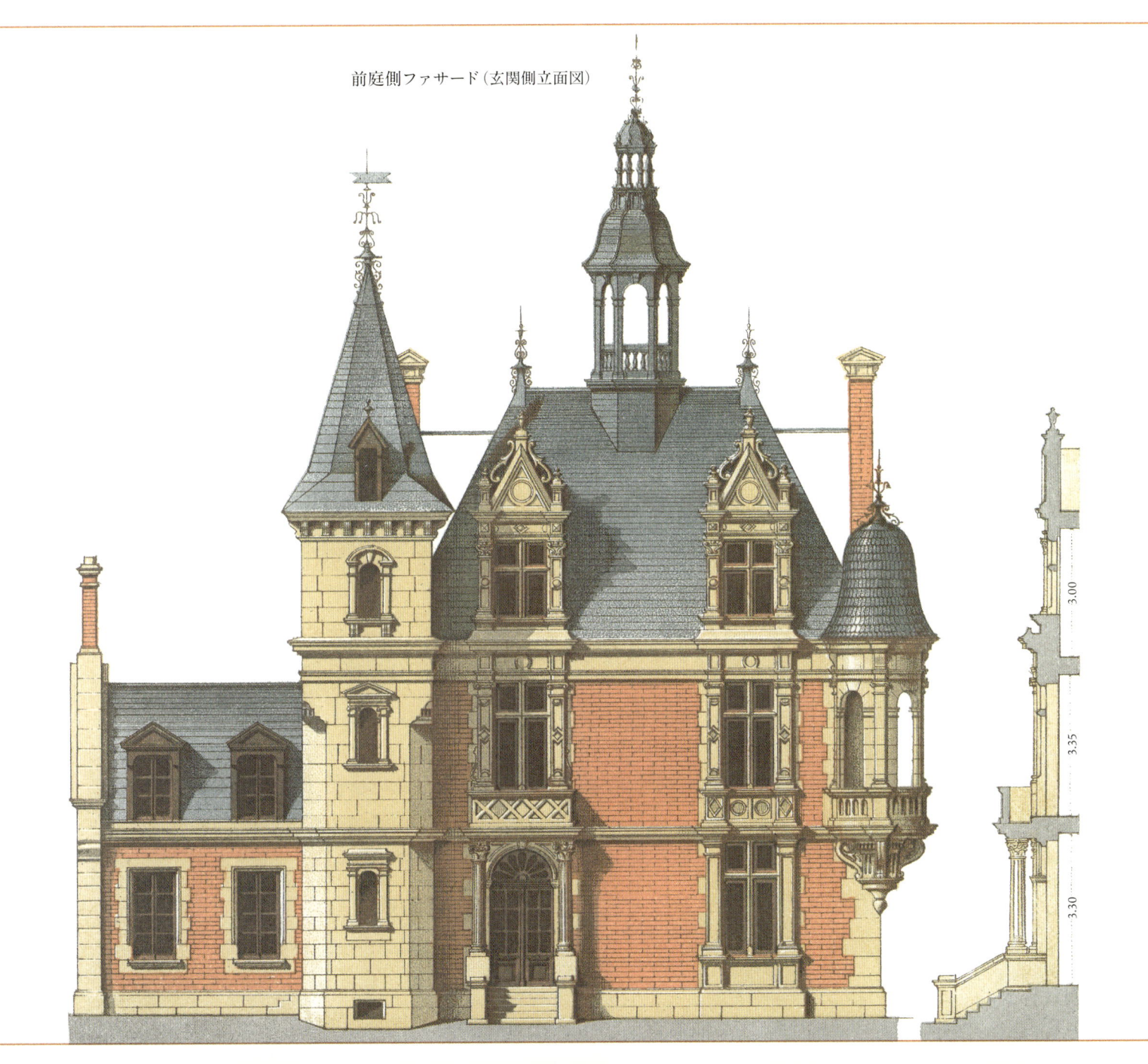

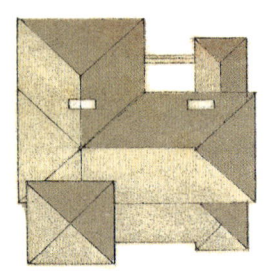

B. 屋根伏図

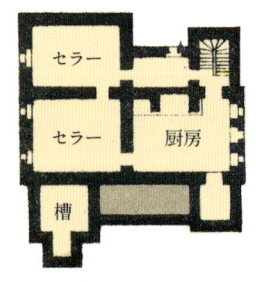

A. 地下階平面図

Plate 24

Maisons de diverse nations
諸外国の住宅

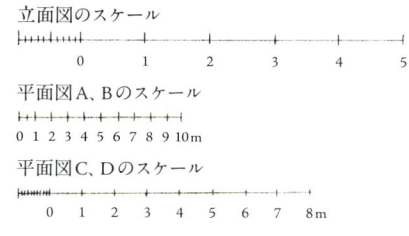

立面図のスケール

平面図A、Bのスケール

平面図C、Dのスケール

● 建築家L・ルブランによる製図
● 建築面積178平方メートル

眺望台のあるイタリア風住宅

イタリア風住宅。フランス南部の諸県でその住宅例が見られる。ふさわしい植生で囲われているが、この住宅は海岸沿いに建てても利点があり、塔の最上部のロッジア、あるいは眺望台から眼下に広がる海を望むことができる。

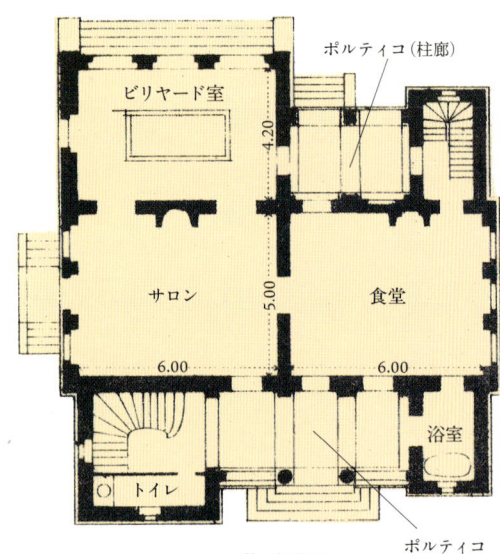

C. 1階平面図

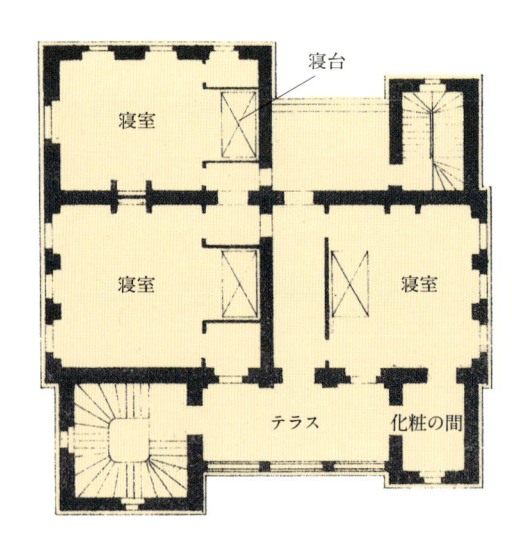

D. 2階平面図

61

Plate
25
Style libre
非様式デザイン

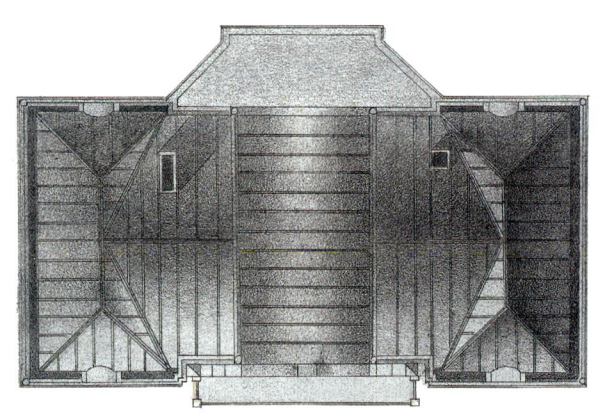

屋根伏図

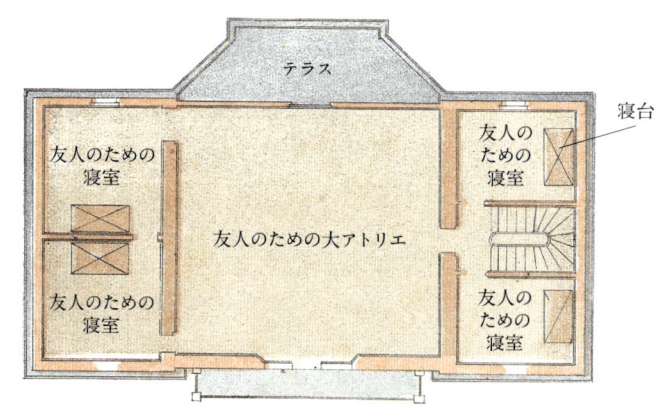

2階平面図

クールベ氏の
郊外住宅兼アトリエ［オルナン(＊1)］

有名な画家、クールベ氏(＊2)の夏の居館としてパリから遠く離れて建設されたアトリエ。各部分の形態や配置だけでなく装飾にもその用途に基づく特徴がみられる。ここにみられるように、平面の配分は非常に特殊であり、ここまでわれわれが検討してきたものと本質的に異なっている。

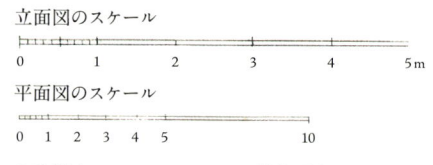

立面図のスケール
0　1　2　3　4　5m

平面図のスケール
0　1　2　3　4　5　　　10

● 建築家レオン・イザベによる設計・製図

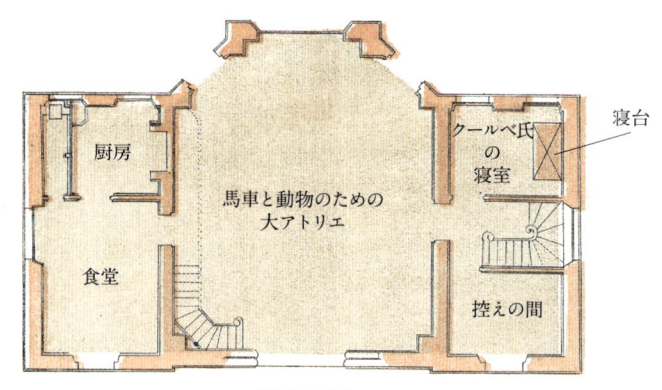

1階平面図

＊1…フランス東部フランシュ＝コンテ地方の中心都市ブザンソンの南東の山岳地帯に位置する。

立面図

*2…ギュスターヴ・クールベ(1819-1877)。フランスの近代写実主義を牽引した画家。絵画の理想化に反対し、市民の日常生活や事物をあるがままに描いた。故郷オルナンの葬式を題材にした「オルナンの埋葬」が有名。

Plate 26

Maisons de diverse nations
諸外国の住宅

R医師の療養ヴィラ

Plate26と27はできる限り完璧な手法で、本書ではまだ典型例を示していないジャンルの建造物を表現している。これはスイスの伝統住宅で、本格的なシャレ（山荘）であり、よく古き良きスイスで旅行者たちが訪問した時に描く類いのものである。この住居の下階はだいたいが石造であるのに対し、上階は完全に木造で、支柱、梁や桁、よく接合された板で覆われたその他の材料で構成されている。透かし彫りのある板でできた手すりを備えた木造の長いバルコニーが建造物を囲んでいる。バルコニー（あるいはヴェランダ）には細工を施した支柱が立っていて、小屋組の斜面の大きな突出部を支えている。木材は自然な色味で塗装され、生き生きとした輝かしい単色や多色によってその風合いが引き立たせられている。

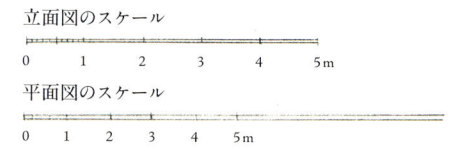

立面図のスケール
0　1　2　3　4　5m

平面図のスケール
0　1　2　3　4　5m

● 建築家レオン・イザベによる設計・製図

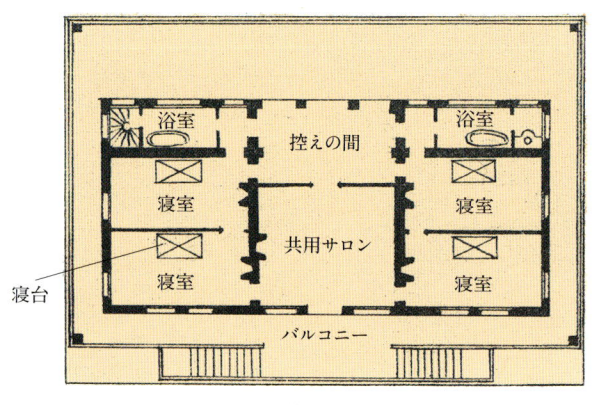

2階平面図

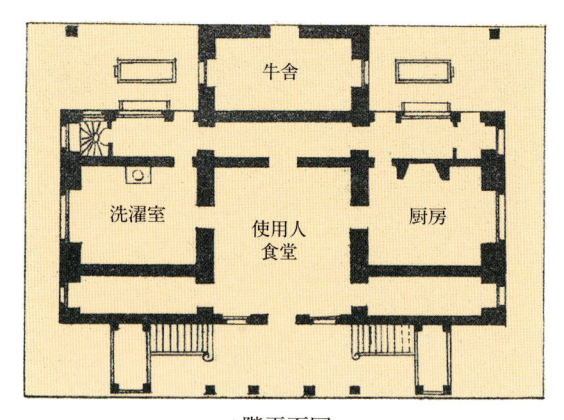

1階平面図

主要立面図

Plate

27

Villa de Convalescence du Docteur R...

R医師の療養ヴィラ

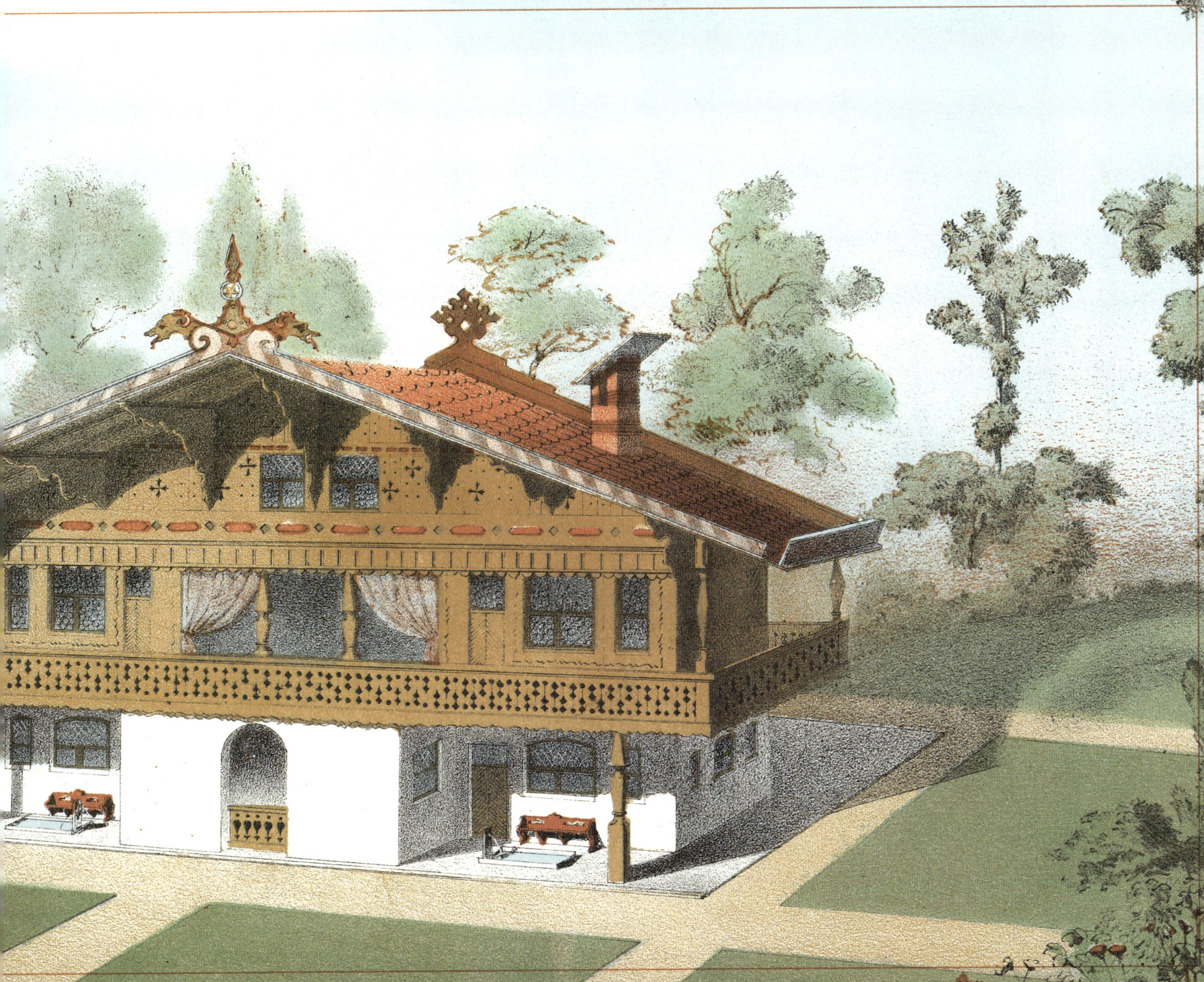

Plate

28

Style gothique
ゴシック様式

ドイツ風住宅

ここでは中世趣味によるドイツ風カステル（城館）の美しい典型例が示されている。形態は装飾や構造と同様に注目すべきもので、石材、レンガ、木材とプラスターが用いられている。

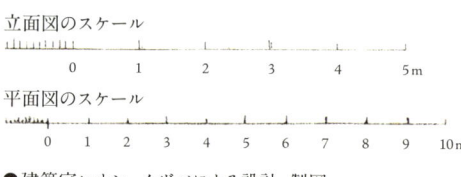

立面図のスケール

平面図のスケール

● 建築家レオン・イザベによる設計・製図

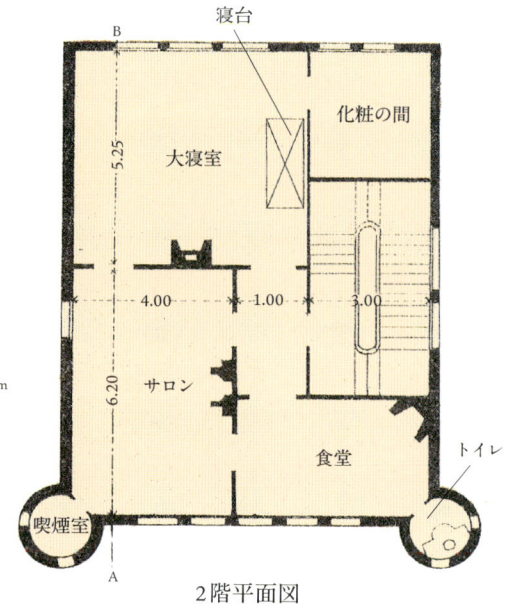

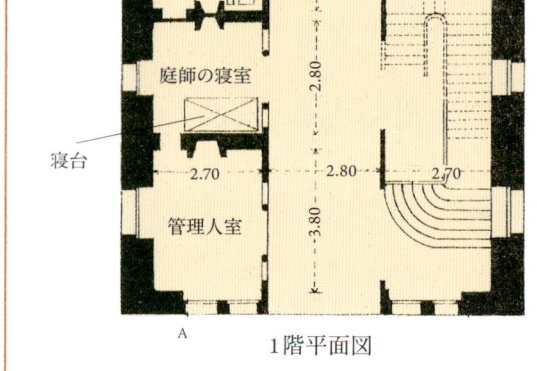

1階平面図

2階平面図

立面図

AB を通る断面図

4.80

4.70

69

Plate

29

Maisons de diverse nations
諸外国の住宅

ラベル（1階平面図）: トイレ、サロン、喫煙室、4頭の馬を収容できる厩舎、玄関の間、通路、配膳室、食堂、厨房、使用人食堂、2台の馬車を収容できる車庫

ラベル（2階平面図）: 大寝室、化粧の間、馬草置場、階段室、トイレ、通路、浴室、寝台、子供たちの寝室、寝室、寝室、化粧の間、ランジュリー（布類整理室）

1階平面図

2階平面図

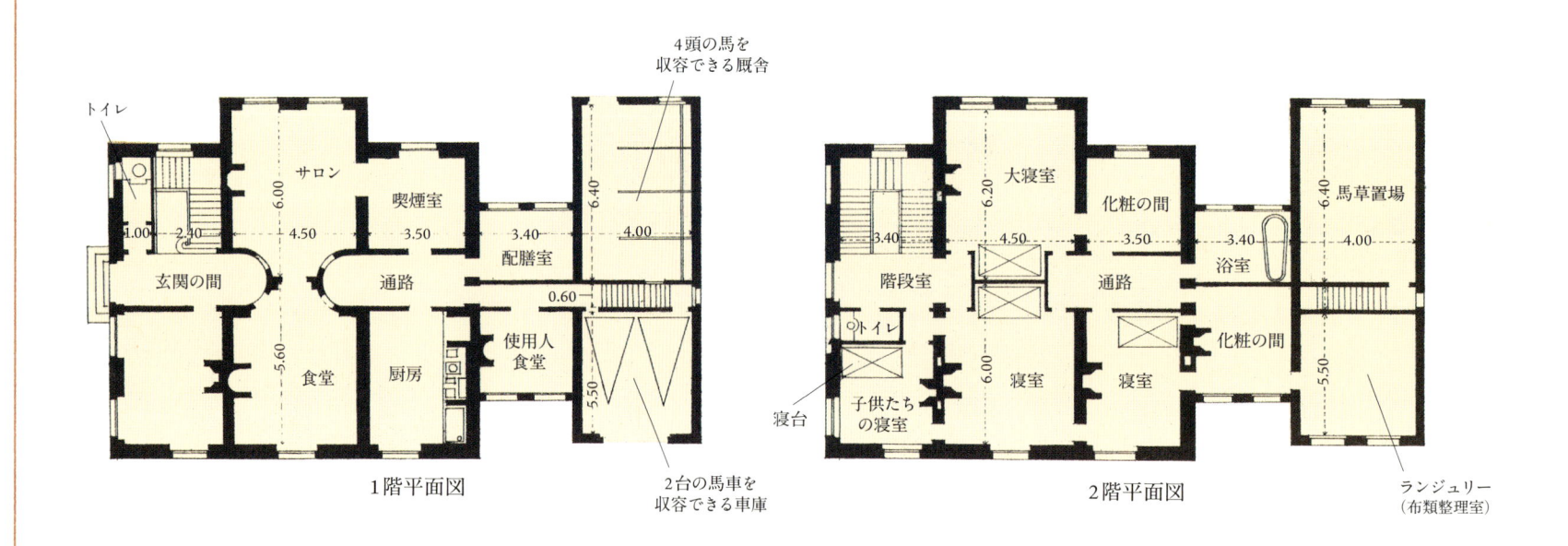

大家族のためのスイス風住宅

スイス西部でよくみられるジャンルの住居。これはベルン市とその周辺の住宅である。山岳のシャレ（山荘）と同様なのは、大きく突出した、すべて木造の小屋組を備えた上階だけである。寝室群が2階と3階にわたって設けられ、大家族が住むことができる。

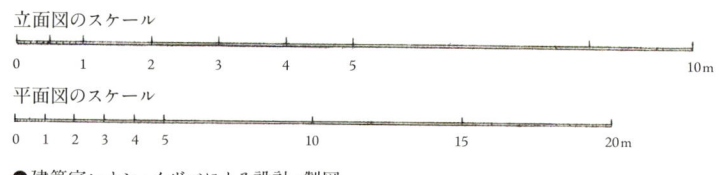

立面図のスケール 0 1 2 3 4 5 ... 10m
平面図のスケール 0 1 2 3 4 5 10 15 20m

● 建築家レオン・イザベによる設計・製図

食堂側ファサード（立面図）

Plate 30

Maisons de diverse nations
諸外国の住宅

デンマーク風住宅

北欧の住宅のような都市住宅。レンガと石材で建設され、無垢の鉄材でできたアンカーで連結されている。このファサードの最も注目すべき、かつ特徴的な部分はその上部であり、非常に起伏に富んだ形態と独特な装飾からなっている。

立面図のスケール
0 1 2 3 4 5m

平面図のスケール
0 1 2 3 4 5 6 7 8 9 10m

● 建築家レオン・イザベによる設計・製図

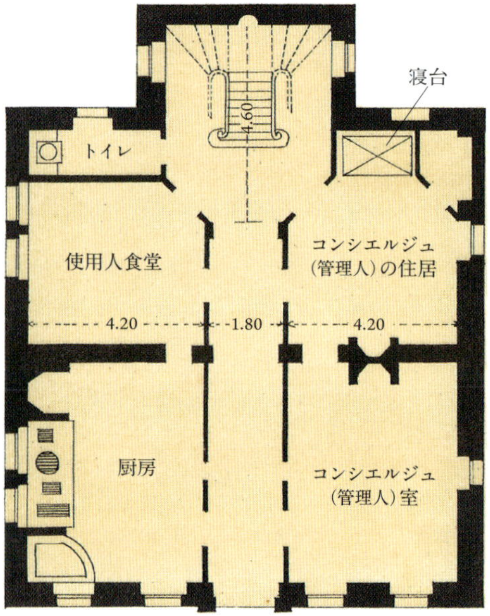

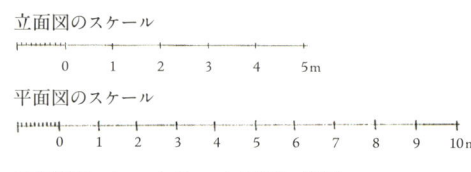

1階平面図

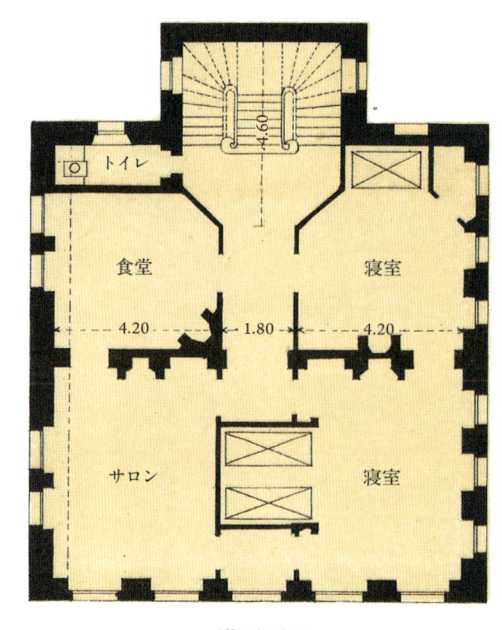

2階平面図

正面端の窓を通る
断面図

立面図

中央軸を通る
断面図

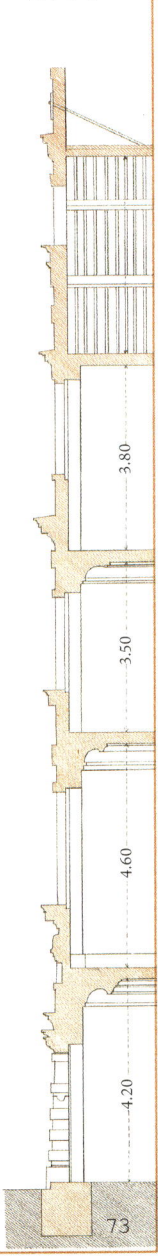

3.50

3.80

4.60

3.50

4.40

4.60

4.20

ハイド・パーク(*)に建てられた住宅［ロンドン］

ロンドン郊外やもっと遠く離れた地区でみられるような、本格的なイングランド風住宅。極めて異国風の性格の構築物で、全体がレンガ造である。例外は開口部の枠と隅部であり、方形の切石でできている。

Plate 31

Maisons de diverse nations
諸外国の住宅

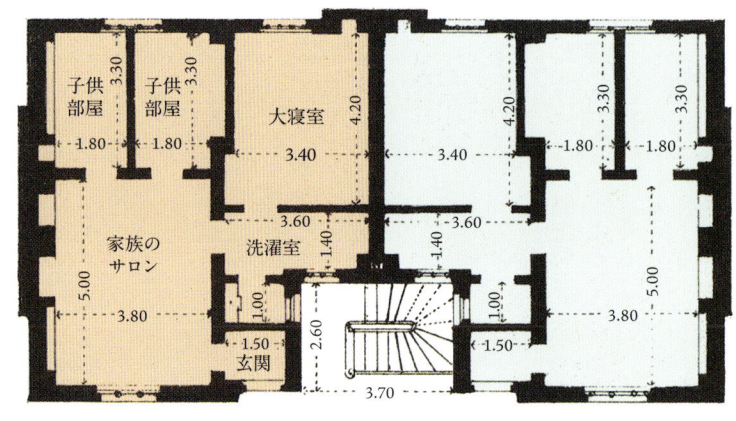

1階平面図（2階も同様）

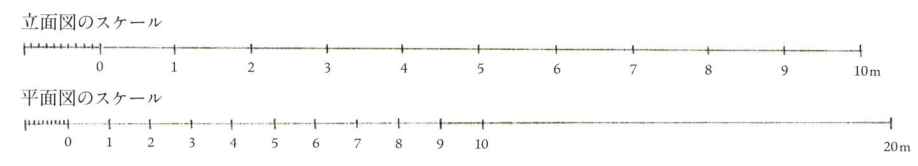

立面図のスケール 0 1 2 3 4 5 6 7 8 9 10m
平面図のスケール 0 1 2 3 4 5 6 7 8 9 10　20m

- 建築家レオン・イザベによる作図
- イギリス女王ヴィクトリアの夫君、アルバート大公殿下による建設（1855年）

*…イギリス、ロンドンの中央部、ウェストミンスターにあるイギリスの代表的公園。18世紀半ばまでは王室の狩猟場でもあった。1851年、世界初の万国博覧会の会場となった。

断面図　　　　　　　　　　　　　前庭側ファサード（玄関側立面図）

パリの小邸館

ルイ16世様式と近世様式の折衷様式による都市住宅。中2階(*)を備えたコンシエルジュ(管理人)室が1階のファサード中央にみられる。上階は、芸術家のアトリエが占めている。

Plate
32
Eclectisme
折衷様式

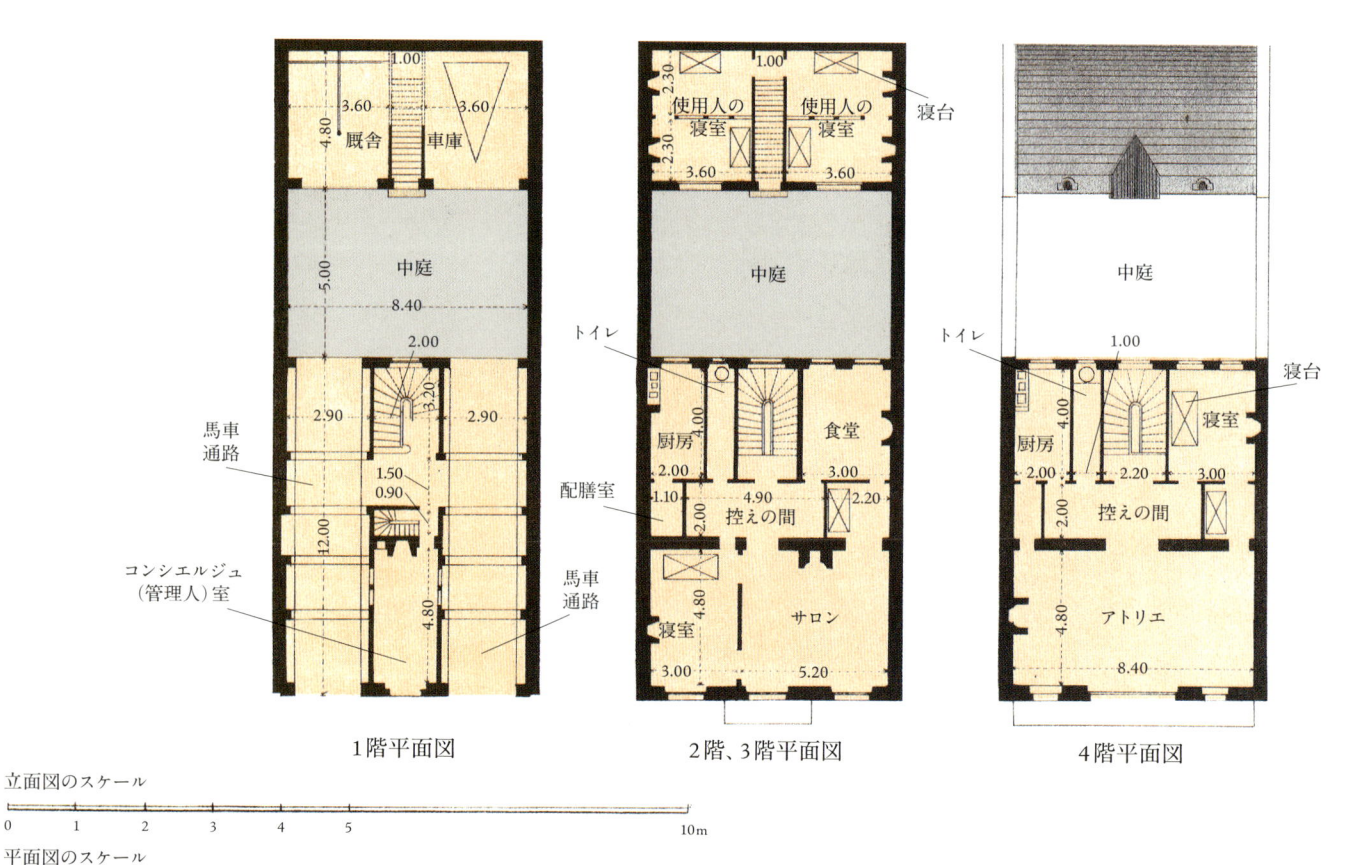

1階平面図

2階、3階平面図

4階平面図

立面図のスケール

平面図のスケール

● 建築家レオン・イザベによる製図　● 建築家ピジョリーのデザインに基づくファサード

*…立面図の丸窓のところと思われる。

中庭の奥の建造物の
断面図

馬車通路入口側
ファサード（立面図）

主要建造物の
断面図

Plate

33

Style Renaissance italienne
イタリア・ルネサンス様式

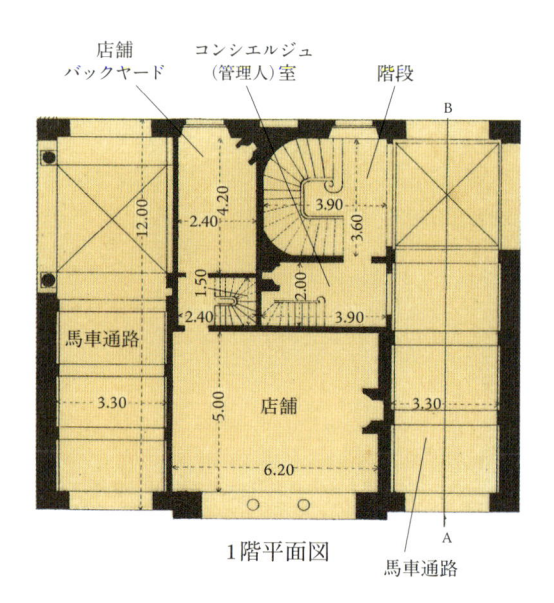

シテ・デ・イタリアン(*) [パリ]

イタリア・ルネサンスを模した様式による、大規模な賃貸の都市住宅。1階の配置は先の作例とほぼ同様だが、ここでは中2階を備えた部屋が店舗に替えられており、代わりにその後ろにコンシェルジュ(管理人)室がみられる。各階には完全な大規模アパルトマン(広間群)が配され、ファサード中央を特徴付ける3箇所の窓から採光する、広大なサロンがある。

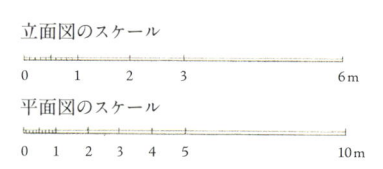

立面図のスケール
0 1 2 3 6m

平面図のスケール
0 1 2 3 4 5 10m

- 建築家レオン・イザベによる製図
- カウフマン兄弟社によるデザイン

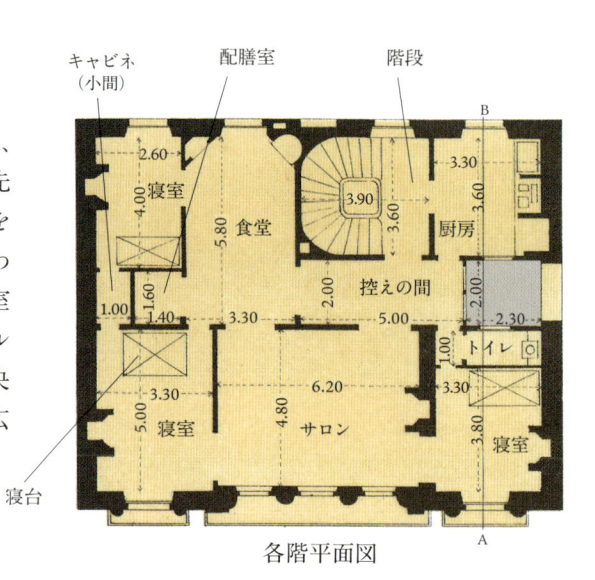

1階平面図ラベル: 店舗バックヤード、コンシエルジュ(管理人)室、階段、馬車通路、店舗、馬車通路

各階平面図ラベル: キャビネ(小間)、配膳室、階段、寝室、食堂、厨房、控えの間、トイレ、寝室、サロン、寝台、寝室

*…シテは都市や集合住宅など。ここではパリのイタリア人地区と思われる。

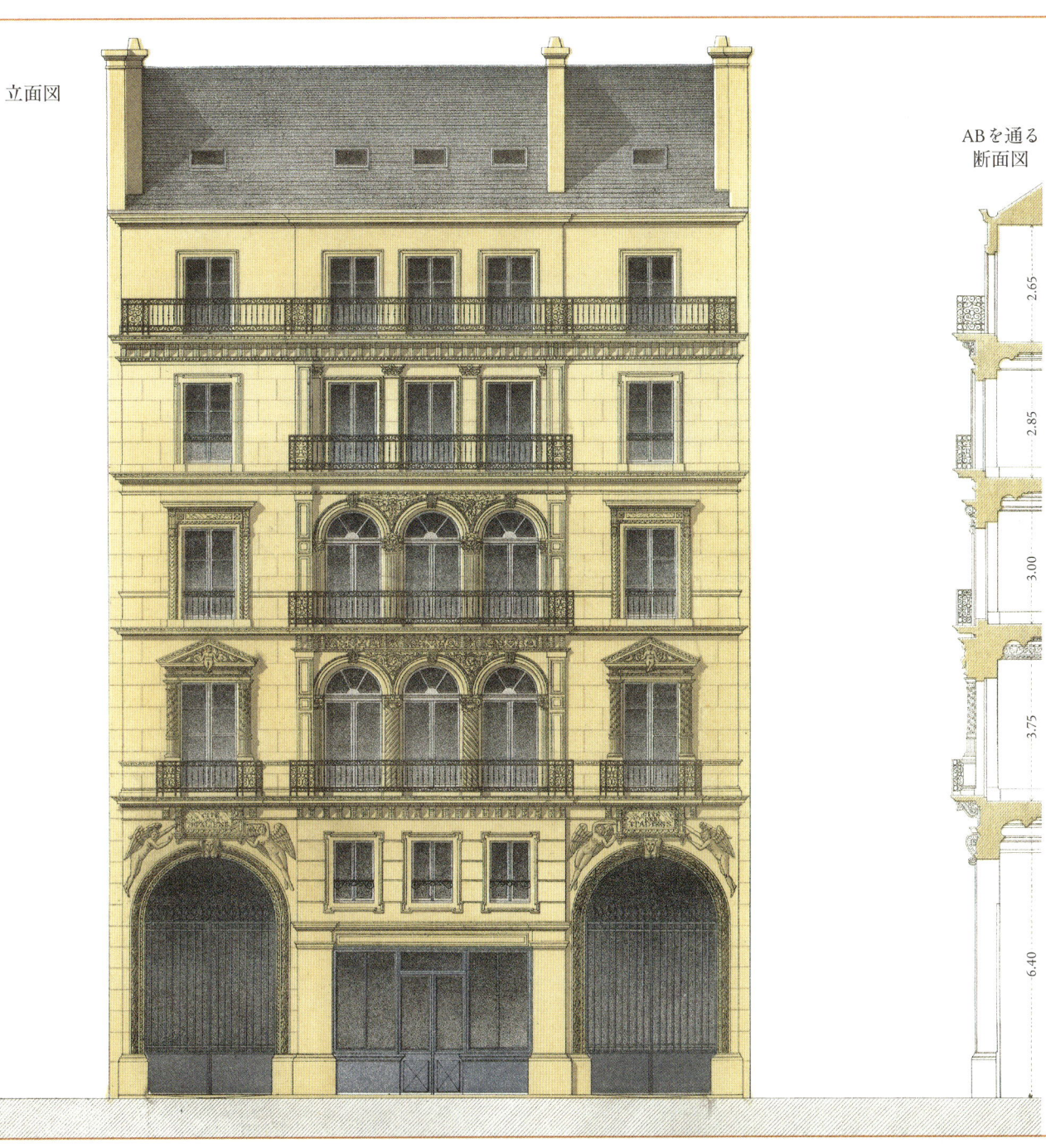

立面図

ABを通る
断面図

2.65

2.85

3.00

3.75

6.40

Plate

34

Style gothique
ゴシック様式

ライン川流域の中世住宅

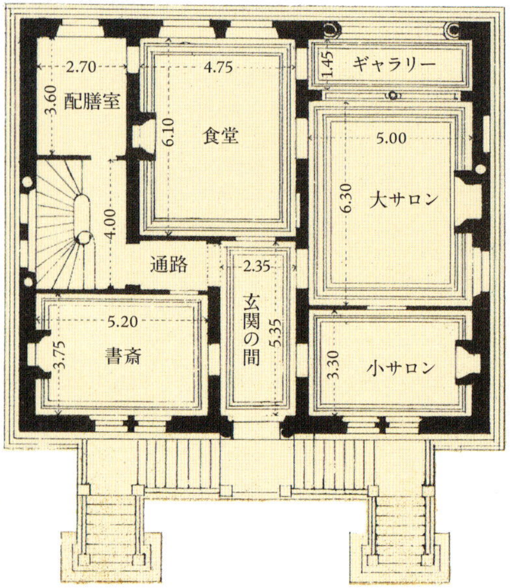

この美しい住宅には、ライン川流域の中世建築の様式が適用されている。外観は、広間群などの配置によって荘厳な雰囲気を醸し出しており、主に石材とレンガの調和した組み合わせによってその装飾の多様性を生んでいる。上部は型で焼いたテラコッタでできていて、多色の琺瑯(ほうろう)で仕上げている。

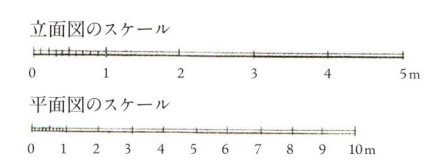

立面図のスケール
0　1　2　3　4　5m

平面図のスケール
0　1　2　3　4　5　6　7　8　9　10m

● 建築家ウジェーヌ・コルディエによる製図

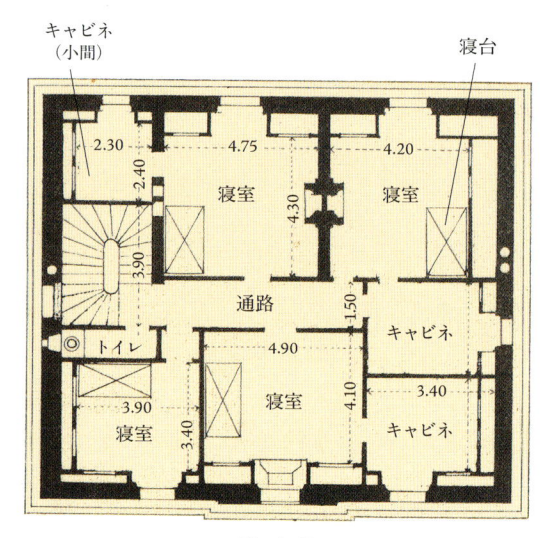

1階平面図

2階平面図

立面図 断面図

81

桁行(けたゆき)立面図

Plate 35

Maisons de diverse nations

諸外国の住宅

キャビネ(小間)　寝台

寝室

アルコーヴとキャビネを備えた寝室

アルコーヴ(寝台を納める凹所)とキャビネを備えた寝室

2階平面図

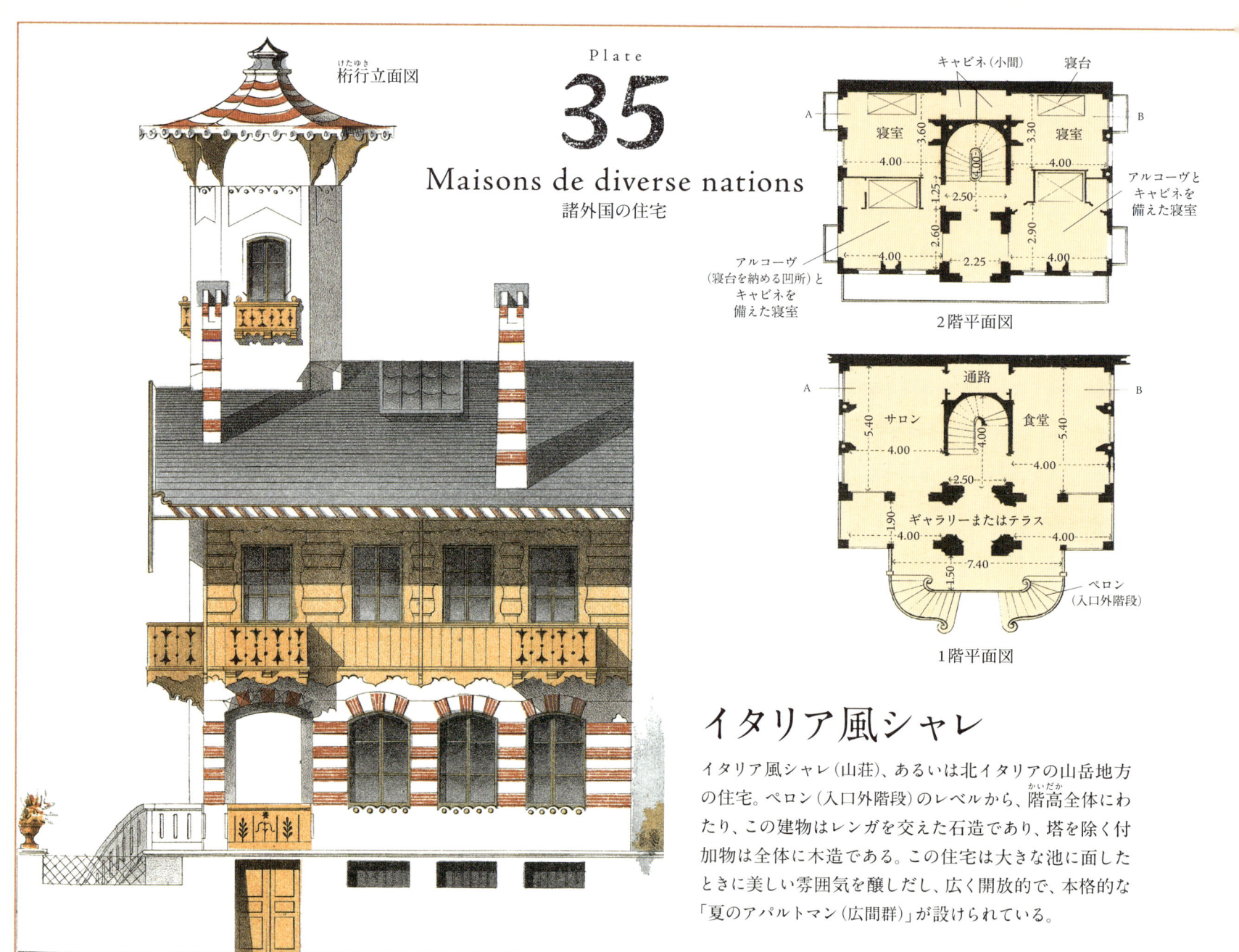

通路

サロン　食堂

ギャラリーまたはテラス

ペロン(入口外階段)

1階平面図

イタリア風シャレ

イタリア風シャレ(山荘)、あるいは北イタリアの山岳地方の住宅。ペロン(入口外階段)のレベルから、階高(かいだか)全体にわたり、この建物はレンガを交えた石造であり、塔を除く付加物は全体に木造である。この住宅は大きな池に面したときに美しい雰囲気を醸しだし、広く開放的で、本格的な「夏のアパルトマン(広間群)」が設けられている。

立面図のスケール
0 1 2 3 4 5m

平面図のスケール
0 1 2 3 4 5 10m

● 建築家レオン・イザベによる設計・製図

主要立面図

ABを通る断面図

Plate 36
Style libre
非様式デザイン

十字型の住宅

独特な性格を持つ住宅。近郊の居館として非常にふさわしく、平面の配置はその配分において注目に値する。

立面図のスケール　0　1　2　3　4　5m
平面図のスケール　0　1　2　3　4　5　　　　10m

● 建築家レオン・イザベによる設計・製図

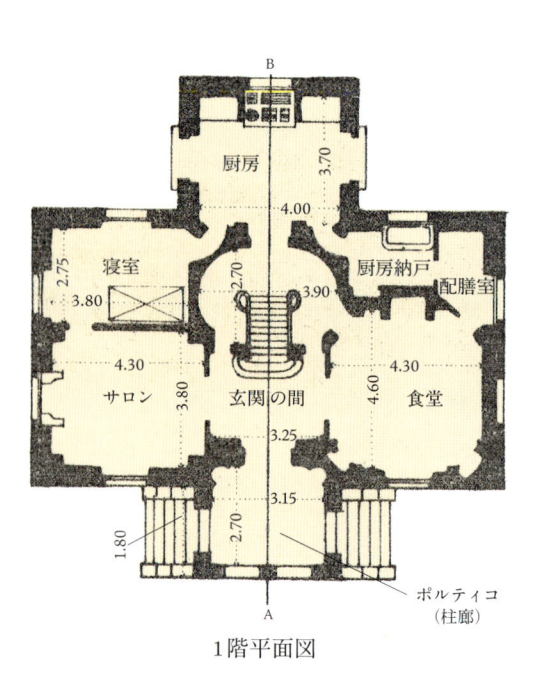

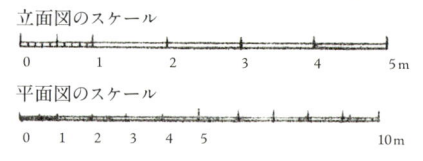

1階平面図

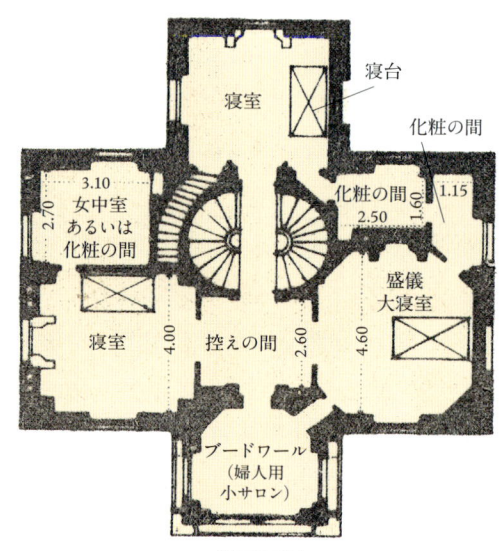

- 厨房
- 寝室
- 厨房納戸
- 配膳室
- サロン
- 玄関の間
- 食堂
- ポルティコ（柱廊）

2階平面図

- 寝室
- 寝台
- 化粧の間
- 女中室あるいは化粧の間
- 化粧の間
- 盛儀大寝室
- 寝室
- 控えの間
- ブードワール（婦人用小サロン）

主要立面図

ABを通る断面図

対になった住宅群

この図版には双子のような2棟の小住宅がみられる。全体にわたって平面と立面が左右対称形であり、2組の家族に最適である。イングランドの近世コテージの趣味による美しい構築物である。

Plate 37

Maisons de diverse nations
諸外国の住宅

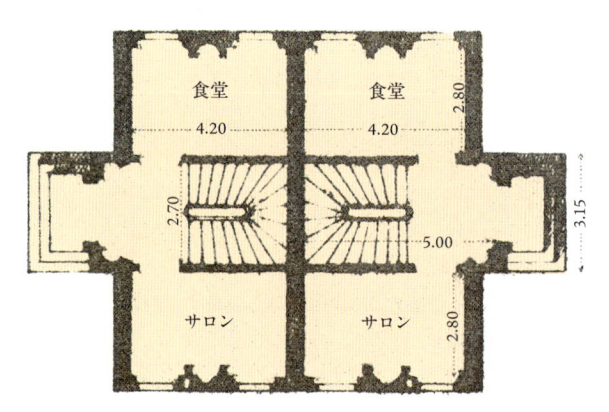

1階平面図（食堂 4.20／2.80、サロン 2.70／2.80、5.00、3.15）

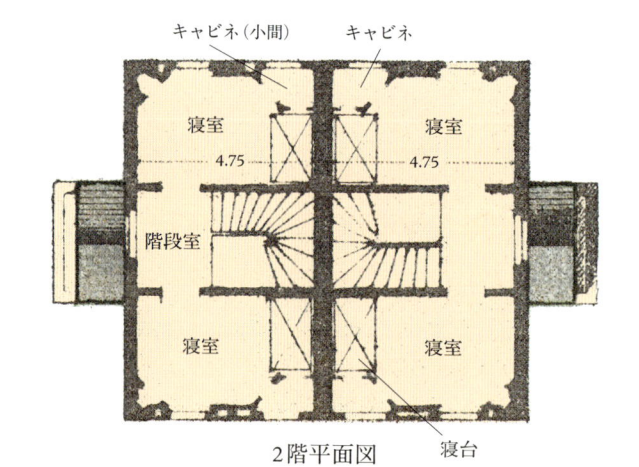

2階平面図（キャビネ（小間）、キャビネ、寝室 4.75、階段室、寝台）

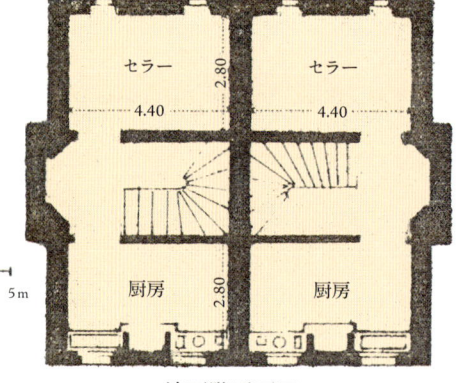

地下階平面図（セラー 4.40／2.80、厨房 2.80）

立面図のスケール 0　1　2　3　4　5m
平面図のスケール 0　1　2　3　4　5　　　　10m

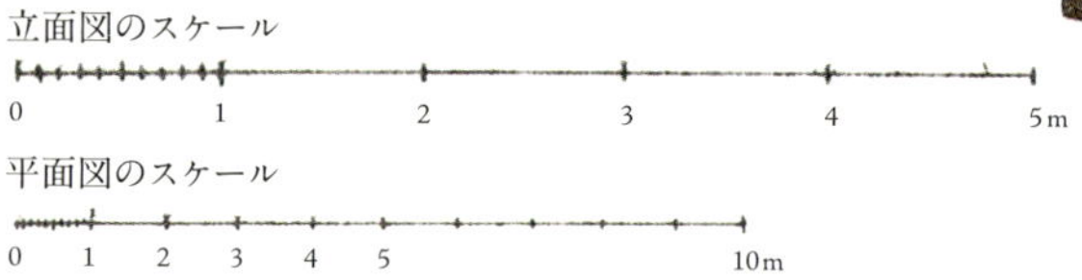

● 建築家レオン・イザベによる設計・製図

立面図

Plate 38

Style Louis XIII
ルイ13世様式

ABを通る断面図

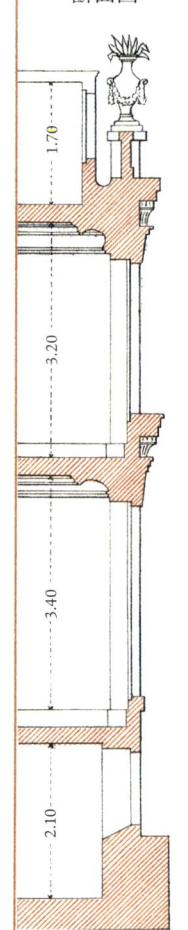

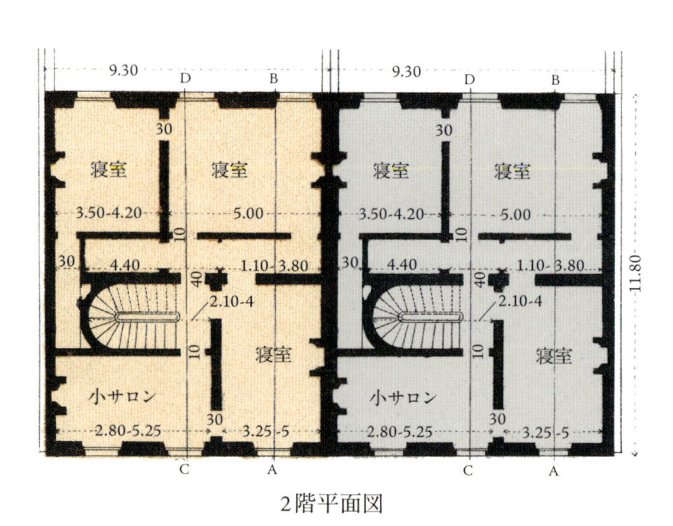

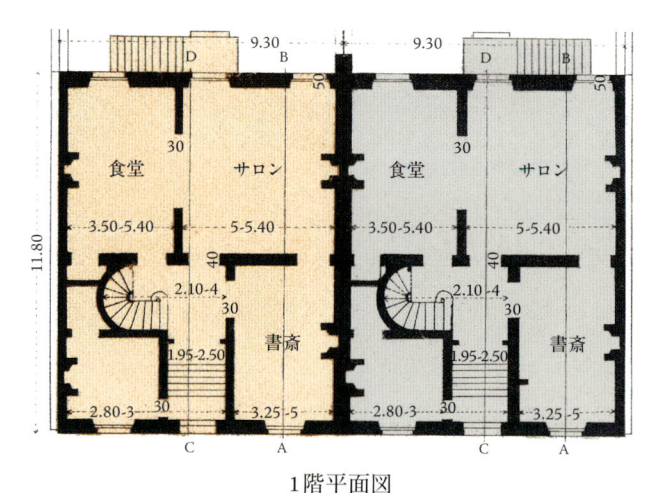

2階平面図

1階平面図

ブーローニュ通りの小邸館群［パリ］

パリで施工されたルイ13世様式の小邸館群。平面の配分に加え、装飾も同様の様式である。それぞれ100平方メートル以下だが、多くの住まいが入っている。

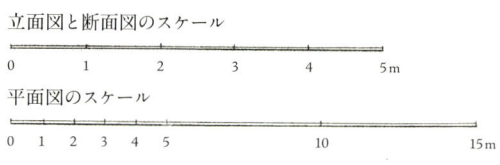

立面図と断面図のスケール

平面図のスケール

● 建築家レオン・イザベによる製図

立面図

CDを通る
断面図

2.50

3.20

4.60

Plate

39

Style romain
古代ローマ様式

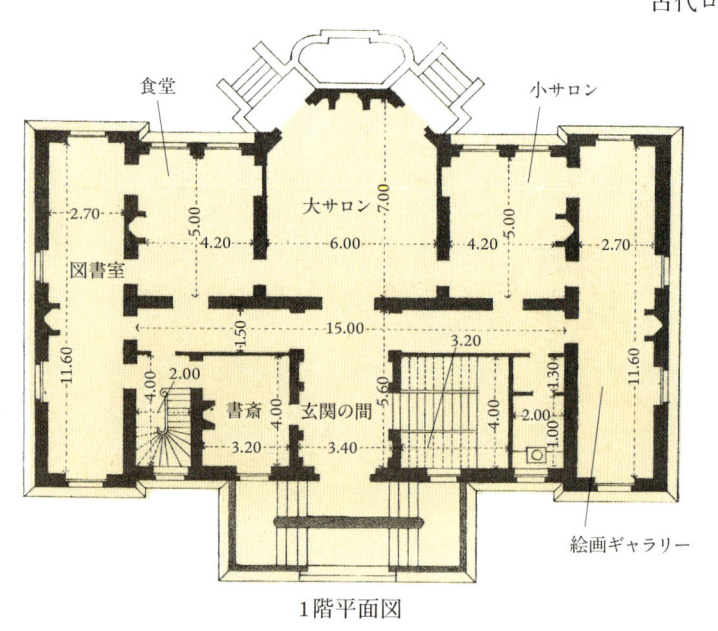

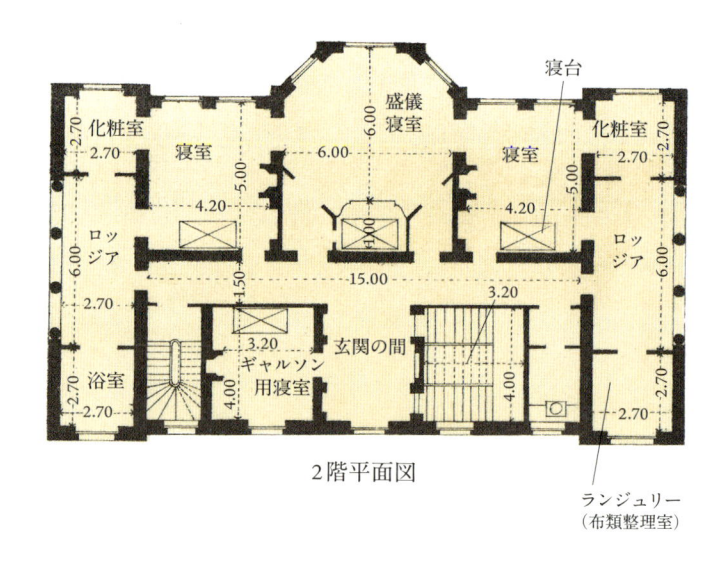

食堂　　小サロン
大サロン
図書室
書斎　玄関の間
絵画ギャラリー

1階平面図

化粧室　寝室　盛儀寝室　寝室　化粧室　寝台
ロッジア　ロッジア
浴室　ギャルソン用寝室　玄関の間
ランジュリー（布類整理室）

2階平面図

オーストリア風住宅［トリエステ(*1)周辺］

豊かな家族のための広大な住宅。その壮大な配分は数多くの招待客を迎え入れるのにふさわしい。様式は非常に単純だが、力強く堅牢で厳かな雰囲気を醸し出しており、スプリト(*2)のディオクレティアヌス帝の宮殿からいくらか着想を得たようにみえる。この宮殿は大部分がまだ健在で、イストラ(*3)の建築に今も影響を与え続けている。小屋組の棟に沿ってほどこされた透かし彫りのある鉄製棟飾りにいたるまで、すべてがその構成において広やかで雄々しい。

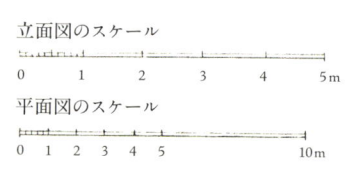

立面図のスケール　0　1　2　3　4　5m
平面図のスケール　0　1　2　3　4　5　　　　10m

● 建築家レオン・イザベによる設計・製図

*1…イタリア北東部、アドリア海に面した港湾都市。1382年にはハプスブルク家領となり、オーストリア帝国唯一の漁港として重要な役割を担った。

立面図

*2…現在はクロアチア最大の港町。かつてこの地には、ディオクレティアヌス帝（在位284-305）の引退後の住処として巨大な方形平面の宮殿が建設された。　*3…アドリア海に突き出たクロアチア北西部の半島。

Plate 40

Style Louis XIII
ルイ13世様式

前庭と庭園のある都市住宅

あまり複雑ではないが、この住宅の建築は心地よい。とりわけその長所となっているのは配分であり、1階では二つのサロンと食堂が配置されている。これらは一体化できるようになっており、大きな接待がある日には単一の広間にすることができる。

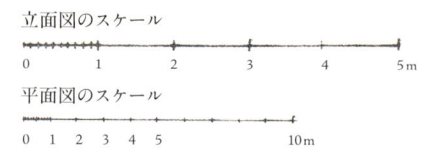

立面図のスケール
平面図のスケール

●建築家レオン・イザベによる設計・製図

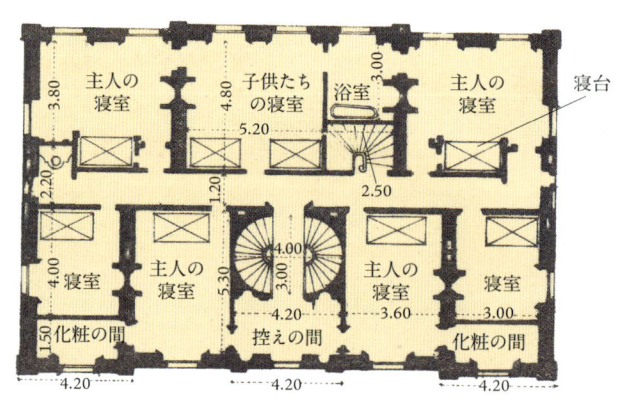

断面図

寝台

主人の寝室　子供たちの寝室　浴室　主人の寝室

寝室　主人の寝室　主人の寝室　寝室

化粧の間　控えの間　化粧の間

2階平面図

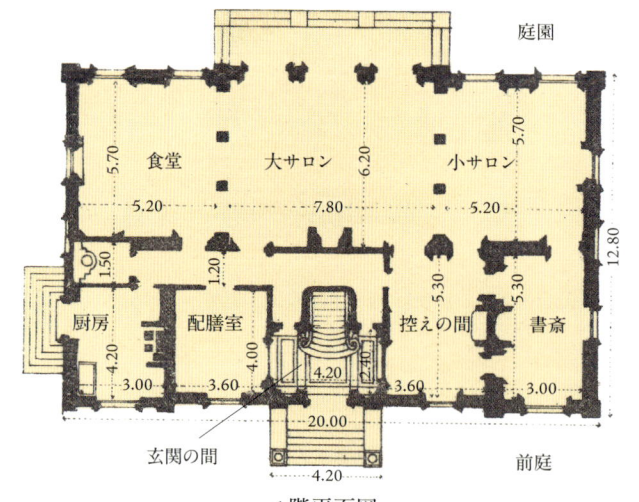

庭園

食堂　大サロン　小サロン

厨房　配膳室　控えの間　書斎

玄関の間

前庭

1階平面図

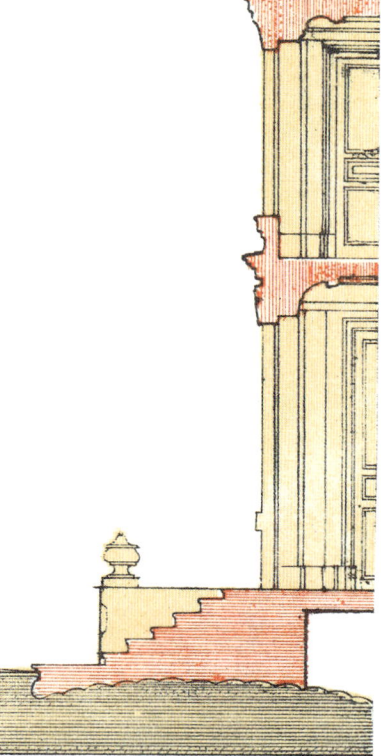

前庭側ファサード（玄関側立面図）

Plate

41

Maisons de diverse nations
諸外国の住宅

アラビア風住宅

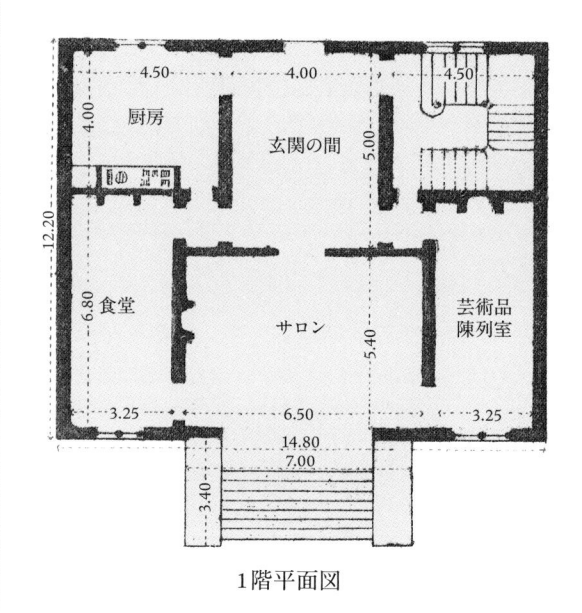

本書ではあらゆる建築様式の適用例を示そうと考えているので、この住宅を無視するわけにはいかないだろう。異論の余地なく、すべての作例の中で最もピトレスクで輝かしいものの一つである。この美しい作品を手掛けた芸術家は、東洋の住宅の元々の特徴を一切損なわずに、われわれの風俗習慣や生き方に合わせるべく、一方ならぬ困難に打ち勝たねばならなかった。

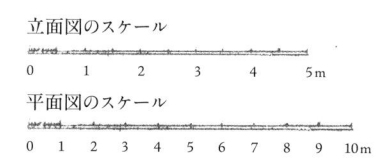

立面図のスケール
0 1 2 3 4 5m

平面図のスケール
0 1 2 3 4 5 6 7 8 9 10m

● 建築家レオン・イザベによる設計・製図

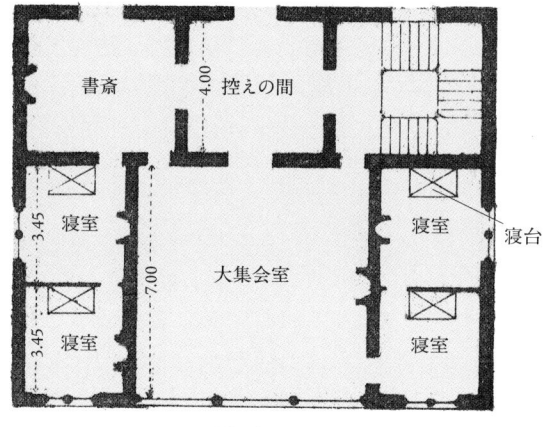

1階平面図

2階平面図

立面図

95

Plate 42

Style libre
非様式デザイン

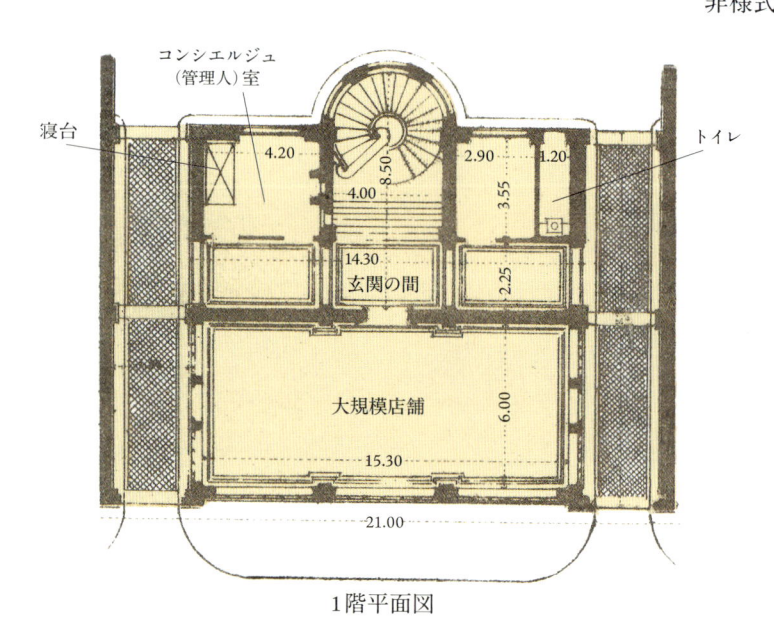

1階平面図

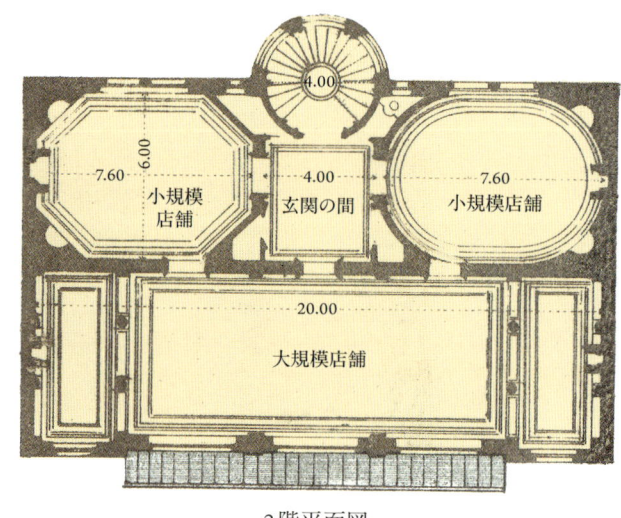

2階平面図

商用住宅

重要な商用住宅として整備された建造物。1階と2階には面積のある店舗群、その他の階にはアパルトマン（広間群）、あるいは住まいが入っている。馬車が乗り入れできる二重の(*)玄関の間と、広やかで豪奢な広間の配分によって、裕福な個人のための邸館の平面構成に転用可能である。だが、この場合、1階と2階の開口部は修正する必要がある。この住宅の様式は堅牢であると同時に瀟洒であり、その独自性がこの住宅の注目すべき価値でもある。

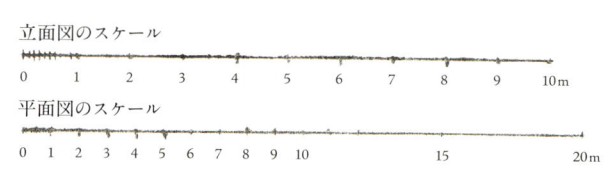

立面図のスケール

平面図のスケール

●建築家レオン・イザベによる設計・製図

*…左右に二つの玄関があることを指すと思われる。

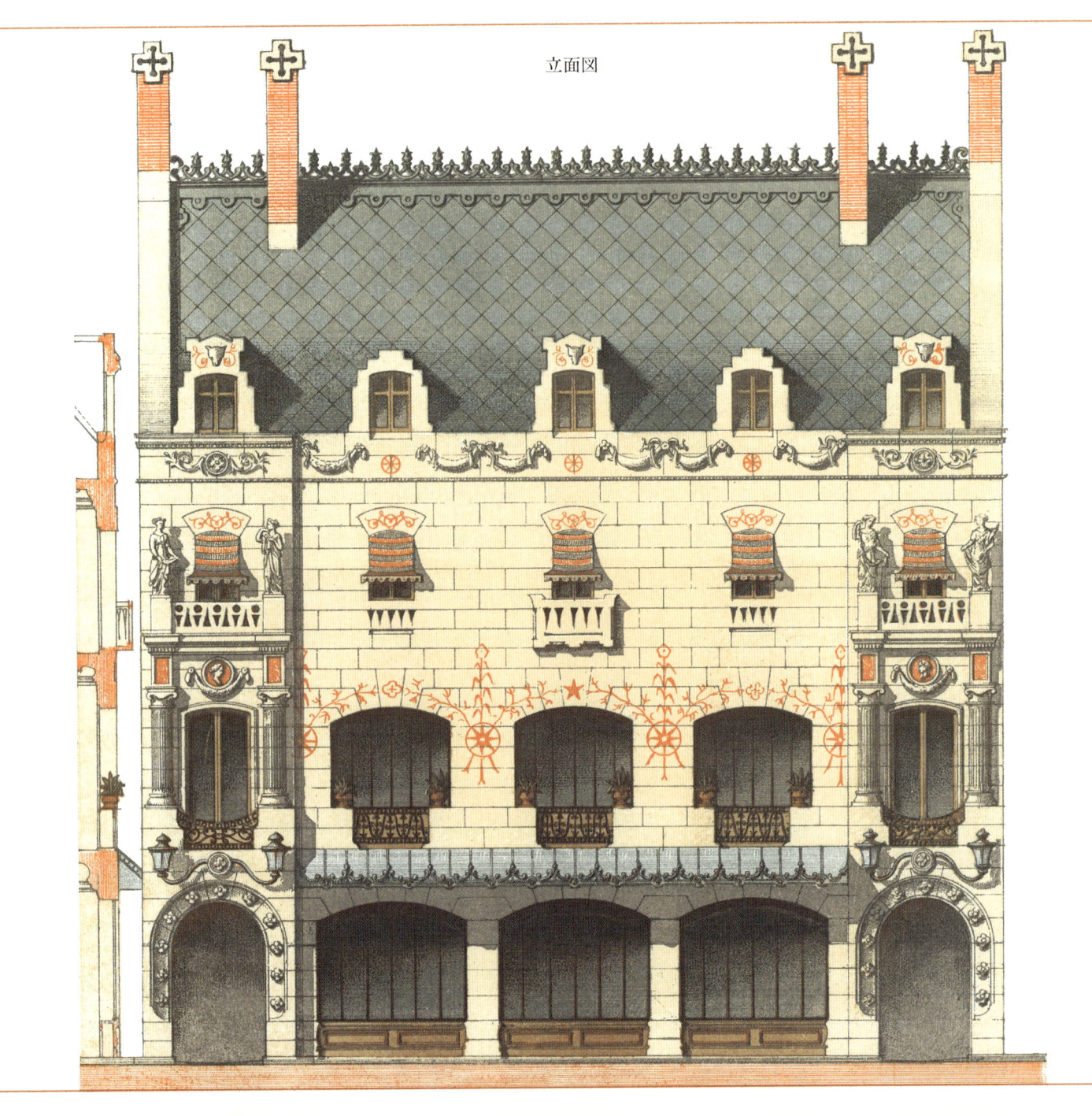

立面図

Plate

43

Maisons de diverse nations
諸外国の住宅

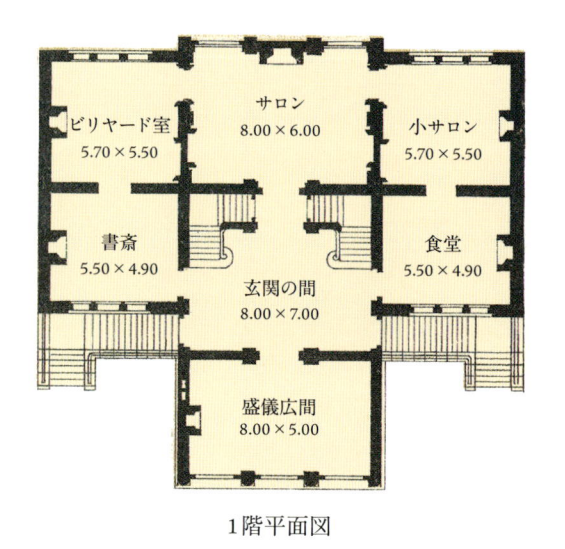

ポーランド風住宅

これまでの作例の中にもあった、異国風の性格を持つ住宅。ここで北方のとある地方の住宅タイプを挙げたのは、非常に特徴がありながら、わが国でも再現可能だからである。本書で示してきたように、われわれが見慣れている建造物群ともっと調和させるためには、さらに軽微な変更を行う必要もあるだろう。

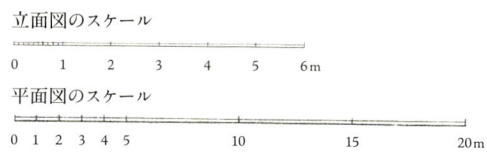

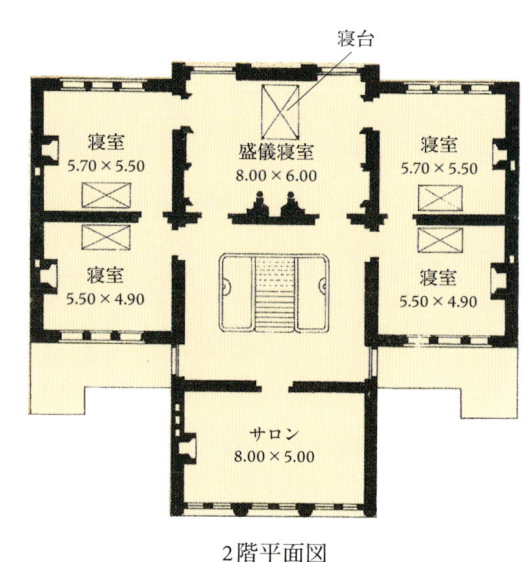

立面図のスケール
0　1　2　3　4　5　6m

平面図のスケール
0　1　2　3　4　5　　　10　　　15　　　20m

● 建築家レオン・イザベによる設計・製図

1階平面図

- ビリヤード室　5.70 × 5.50
- サロン　8.00 × 6.00
- 小サロン　5.70 × 5.50
- 書斎　5.50 × 4.90
- 食堂　5.50 × 4.90
- 玄関の間　8.00 × 7.00
- 盛儀広間　8.00 × 5.00

2階平面図

- 寝台
- 寝室　5.70 × 5.50
- 盛儀寝室　8.00 × 6.00
- 寝室　5.70 × 5.50
- 寝室　5.50 × 4.90
- 寝室　5.50 × 4.90
- サロン　8.00 × 5.00

立面図

Plate 44

Style gothique
ゴシック様式

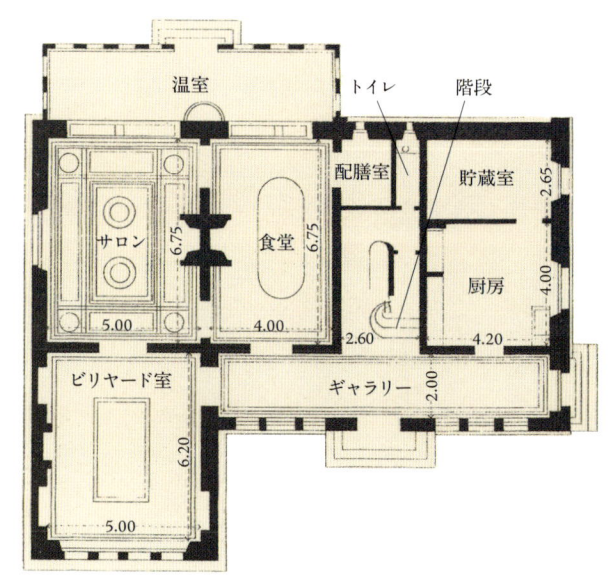

1階平面図

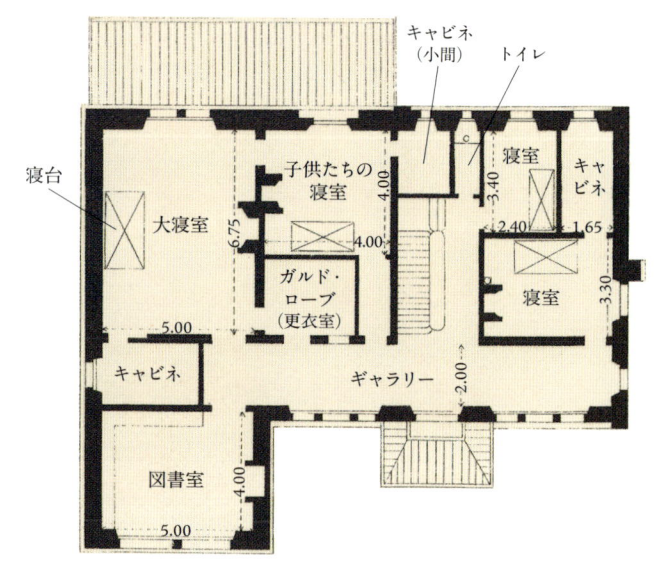

- 温室
- トイレ
- 階段
- 配膳室
- 貯蔵室
- サロン
- 食堂
- 厨房
- ビリヤード室
- ギャラリー

2階平面図

- キャビネ（小間）
- トイレ
- 寝台
- 大寝室
- 子供たちの寝室
- 寝室
- キャビネ
- ガルド・ローブ（更衣室）
- 寝室
- キャビネ
- 図書室
- ギャラリー

中世様式のドイツ風住宅

中世末期の様式によるドイツ風住宅。その装飾がたたえている美しい雰囲気とよき趣味によって、傑出した作品となっており、その雰囲気と趣味はPlate34のものといくらか似ている。特別におすすめしたい作例の一つである。

立面図のスケール　0　1　2　3　4　5　6　7　8　9m

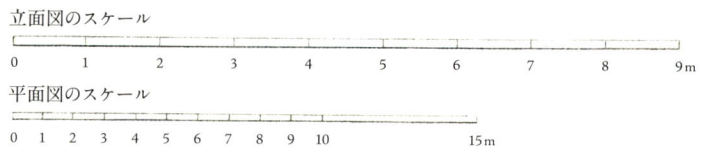

平面図のスケール　0　1　2　3　4　5　6　7　8　9　10　15m

● 建築家ウジェース・コルディエによる設計・製図

立面図

断面図

3.30

3.60

Plate 45

Maisons de diverse nations
諸外国の住宅

1階平面図

2階平面図

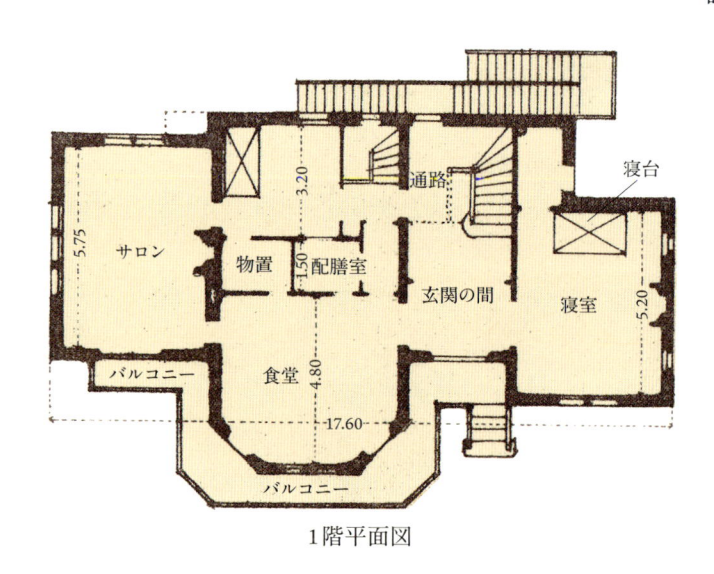

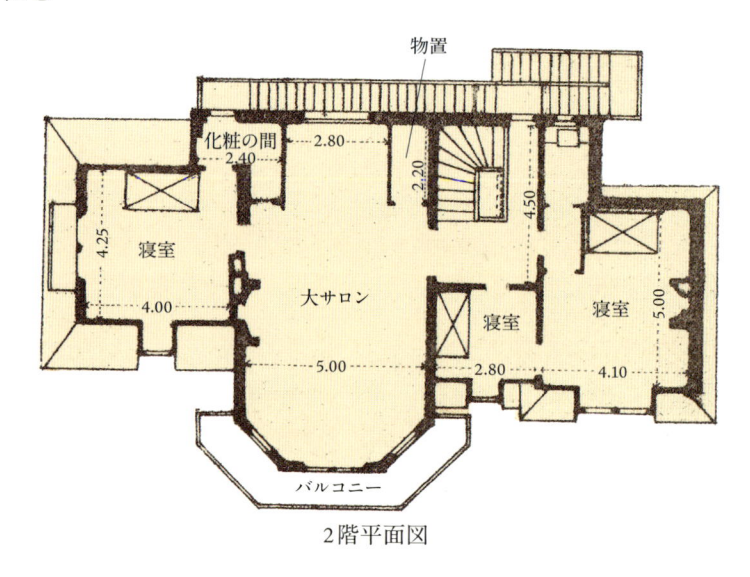

エトルタの住宅

この住宅は、本書を構成するほとんどの住宅のような、立案や構想ではなく、エトルタ(＊)に実在する。その例外的なピトレスク(しょうしゃ)によって、この土地の最も瀟洒な建築の一つに数えられる。基礎だけが石造であり、残りはすべて無垢な木材で建設されていて、コロンバージュ(妻)は白色レンガ造である。中央の建造物の上の突出した木造ゲーブル(妻)は、優雅で偉大な性格をこの住宅に与え、平面図からわかるように、建築家は外部同様、内部にも配慮している。

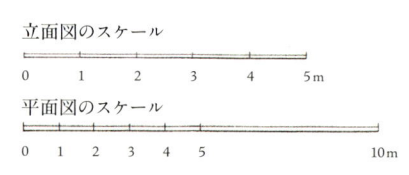

立面図のスケール

平面図のスケール

● 建築家T・ユションによる設計・製図

＊…フランス北西部、オート＝ノルマンディー地方の海辺の町。アーチ状の断崖が続く海岸が有名で、モネやマティス、クールベなど多くの画家が描いた。

103

Plate 46
Style Louis XVI
ルイ16世様式

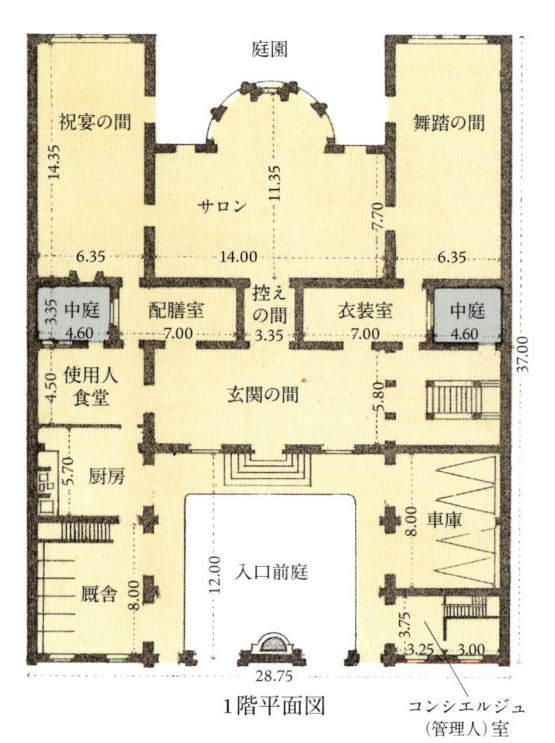

前庭と庭園のある邸館

この邸館は、本図集の中でも最も重要な構成物の一つである。本書では、作例のファサードの建築と同様、その構成の重要性も様々提示しようと試みている。この広壮な住居の平面は、ロトンダ形のサロンを含み、アカデミックな左右対称なものとなっている。あらゆる点においてルイ16世時代の趣味にかなっており、その単純で高貴な様式は、その立面の配列について建築家の倣うべきモデルとなっている。

1階平面図

祝宴の間 / 庭園 / 舞踏の間 / サロン / 中庭 / 配膳室 / 控えの間 / 衣装室 / 中庭 / 使用人食堂 / 玄関の間 / 厨房 / 車庫 / 厩舎 / 入口前庭 / コンシエルジュ（管理人）室

2階平面図

絵画ギャラリー / サロン / 貴重品陳列室 / 中庭 / 寝室 / 寝室 / 中庭 / 寝室 / 玄関の間 / 書斎 / ブードワール（婦人用小サロン）または書斎 / 使用人住居 / 馬草置場 / コンシエルジュ（管理人）住居

立面図のスケール　0 1 2 3 4 5　10m
平面図のスケール　0 1 2 3 4 5　10　20m

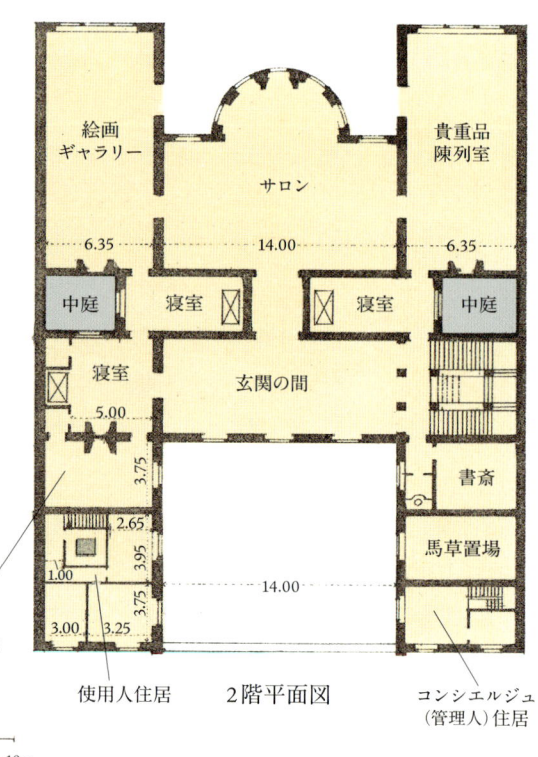

●建築家レオン・イザベによる設計・製図

前庭側ファサード(玄関側立面図)

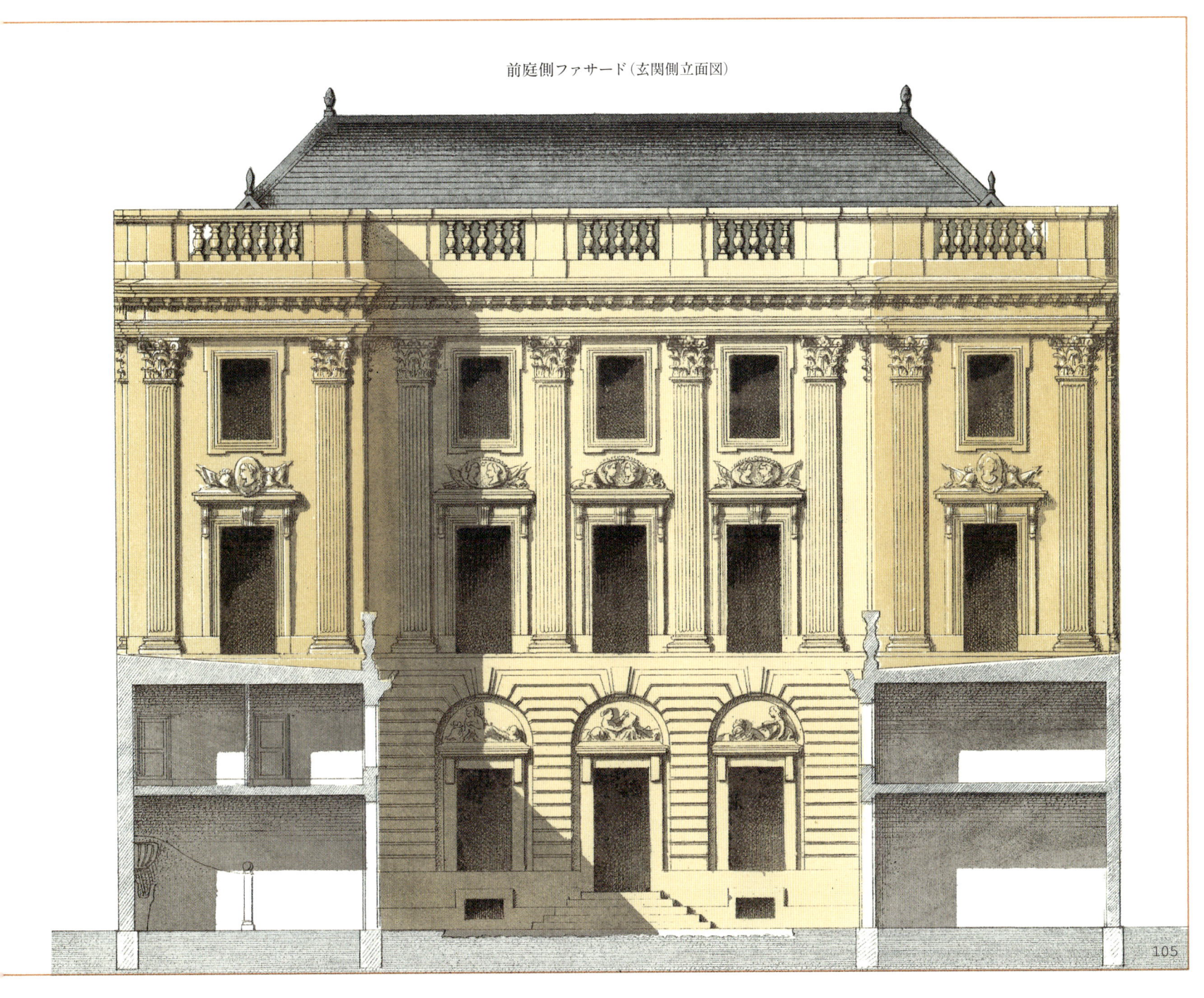

Plate 47

Eclectisme
折衷様式

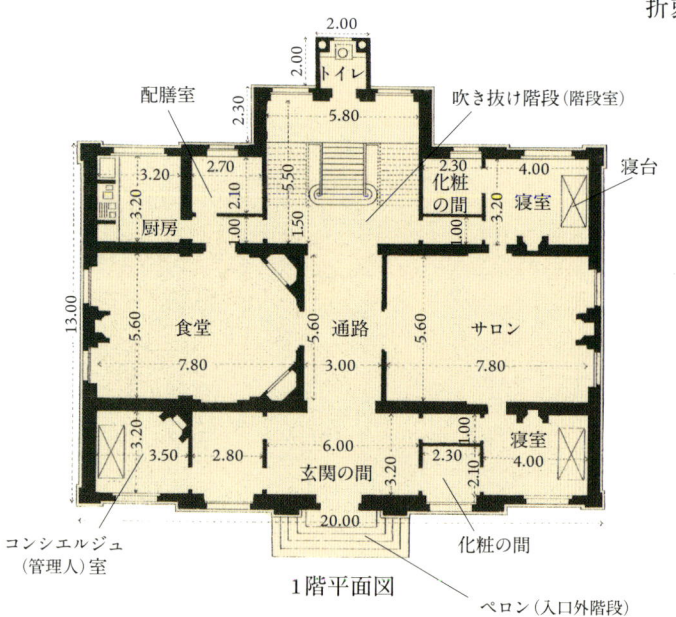

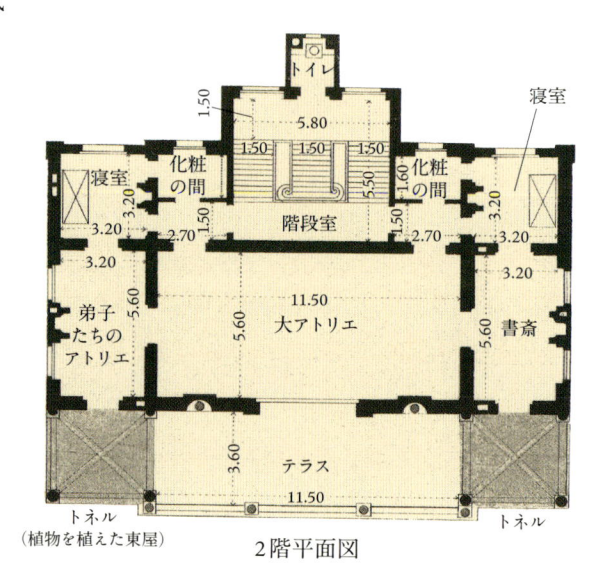

1階平面図 — 配膳室、トイレ、吹き抜け階段(階段室)、化粧の間、寝台、寝室、厨房、食堂、通路、サロン、コンシエルジュ(管理人)室、玄関の間、化粧の間、ペロン(入口外階段)

2階平面図 — トイレ、寝室、化粧の間、階段室、弟子たちのアトリエ、大アトリエ、書斎、テラス、トネル(植物を植えた東屋)、トネル

芸術家の住宅

Plate25で取り上げたものとは、ジャンルにおいても配置においても全く異なる芸術家の住宅。この住宅には、互いに共通の源を持つにもかかわらず、誰も結合させようとは思わなかった2種の様式の幸せな融合がみられる。1階はルイ16世様式である一方で、上階は純粋な古代ローマに基づいている。そして、この対照を失うことなく、全体が非常に心地よい雰囲気を醸し出している。

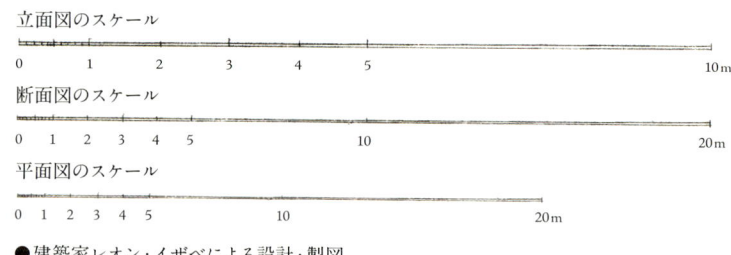

立面図のスケール 0〜10m
断面図のスケール 0〜20m
平面図のスケール 0〜20m

● 建築家レオン・イザベによる設計・製図

立面図

中央軸を通る
断面図

Plate 48

Style François 1er

フランソワ1世様式

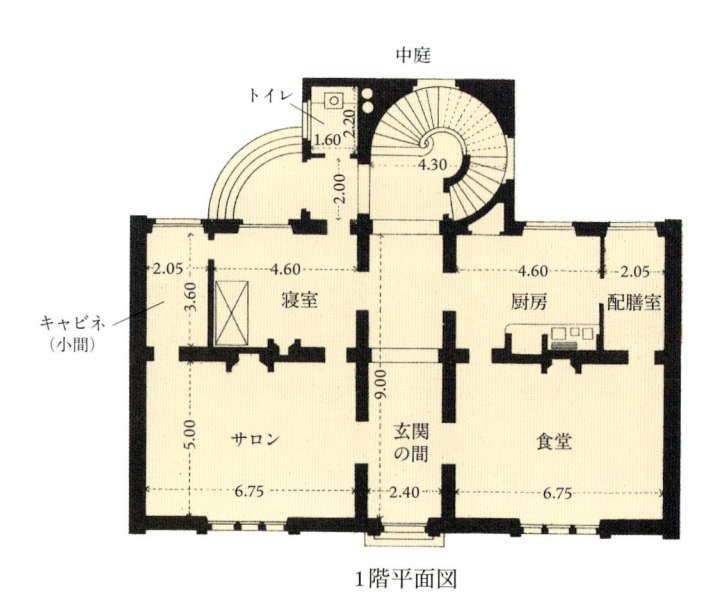

1階平面図

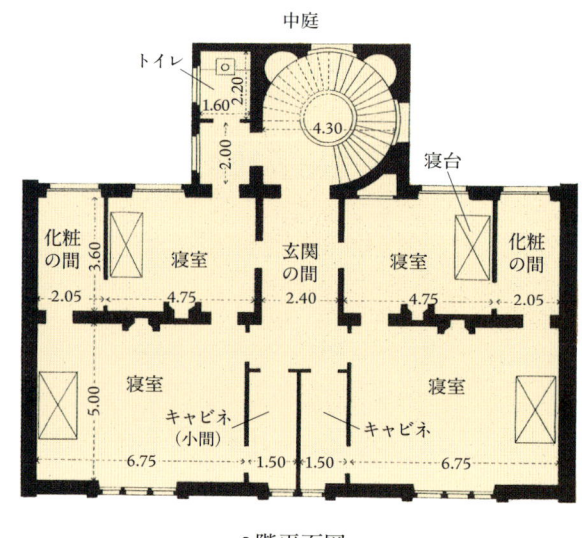

2階平面図

ルネサンス風住宅

対となった開口部を持つ、石造リュカルヌ(屋根窓)を備えたルネサンス様式の住宅。ファサードはすべて赤レンガ造であり、その上に褐色レンガで様々な幾何学紋様が描かれている。このジャンルのレンガ積みはフランスの様々な地方、主にブルボネ(*1)とブルゴーニュ(*2)の一部にかなり広まっている。石造枠の扉は、同じくルネサンス時代のパリに確実に実在したと思われるモチーフを再現したものである。平面の配分はよく考えられており、建設しやすくなっている。

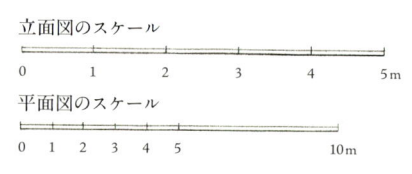

立面図のスケール
平面図のスケール

● 建築家レオン・イザベによる設計・製図

*1…フランス中部の地方名。現在はアリエ県に含まれる。　*2…フランス中部、パリ盆地の東南緑部、ソーヌ川の平野にまたがる地方。15世紀にブルゴーニュ公領の本領として栄えた。

立面図

断面図

2.60

3.75

3.50

Plate

49

Style romain
古代ローマ様式

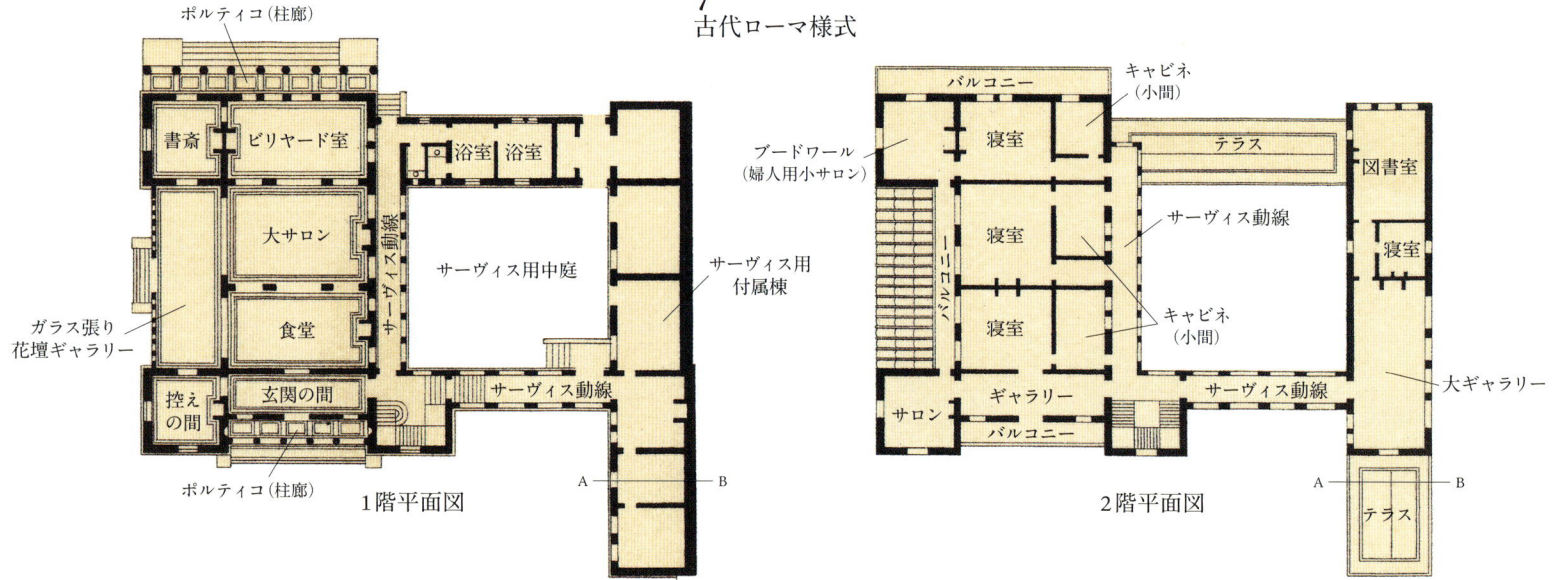

1階平面図 ラベル:
- ポルティコ（柱廊）
- 書斎
- ビリヤード室
- 浴室
- 浴室
- 大サロン
- ガラス張り花壇ギャラリー
- 食堂
- サーヴィス動線
- サーヴィス用中庭
- サーヴィス用付属棟
- 控えの間
- 玄関の間
- ポルティコ（柱廊）
- サーヴィス動線
- A — B

2階平面図 ラベル:
- バルコニー
- キャビネ（小間）
- ブードワール（婦人用小サロン）
- 寝室
- テラス
- 図書室
- 寝室
- サーヴィス動線
- 寝室
- 寝室
- キャビネ（小間）
- サロン
- ギャラリー
- バルコニー
- サーヴィス動線
- 大ギャラリー
- A — B
- テラス

古代ギリシア・ローマ風ヴィラ

古代ギリシア・ローマ風ヴィラ。その平面に主にポンペイの古代住居(＊)の特徴がみられる。中庭、あるいはアトリウムが、嵩上げされた基礎の上にみられ、外側のスパンを開放的にすることによって、ポルティコ（柱廊）背後に設けられた部屋に、様々な光が十分に差し込むようになっている。古代ギリシア様式のファサードは格別美しく、その装飾は多色彩にすることによって一層見事なものにもできる。古代においても使われた手法である。このヴィラは、古代ギリシアのあらゆるヴィラのように優雅で、また、いくらか修正を施せば古代ギリシア風住宅もわれわれの世紀の習慣風俗に完璧に適合させることができることを示している。

＊…ナポリ南方にある古代ローマ都市ポンペイの都市住宅のこと。ウェスウィウス山の噴火により消滅した。18世紀に発掘調査が本格化し、現在もなお、発掘作業が行われている。

立面図

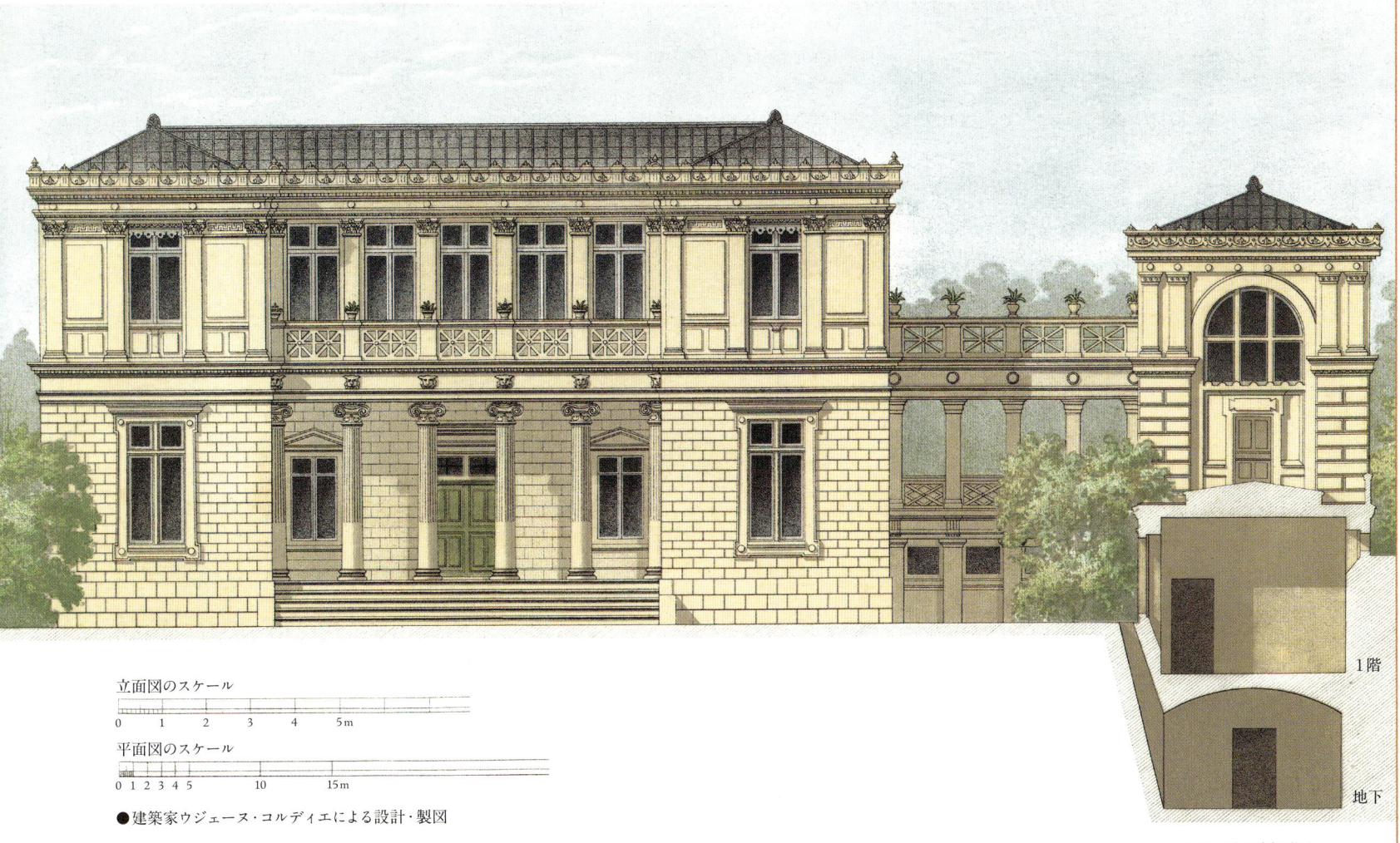

立面図のスケール
0 1 2 3 4 5m

平面図のスケール
0 1 2 3 4 5　10　15m

●建築家ウジェーヌ・コルディエによる設計・製図

1階

地下

ABを通る断面図

111

Plate 50

Style Renaissance italienne
イタリア・ルネサンス様式

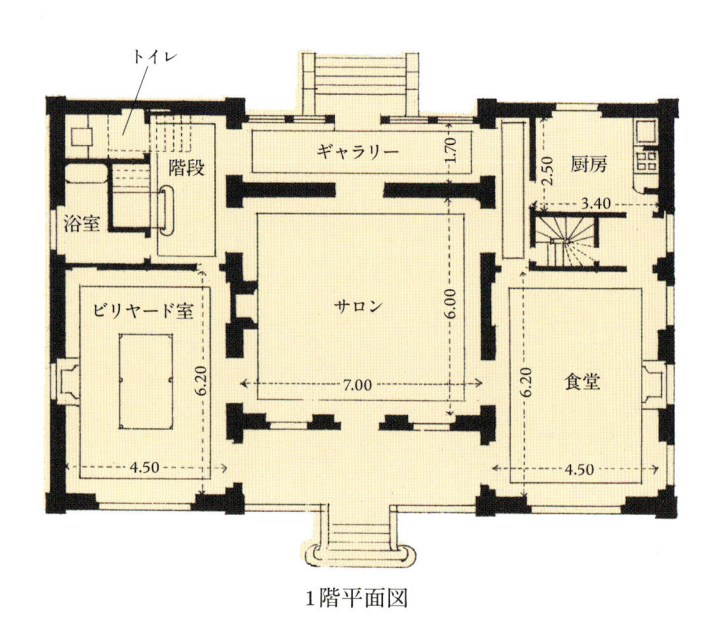

1階平面図

2階平面図

近世ローマ風住宅

近世ローマ様式のこの住宅には、Plate49と同様、多色彩の装飾を適用可能である。だが、鮮やかな色調に代わり、むしろ暖かく落ち着いた色調を用いてもよいだろう。パリ近郊に施工されたばかりのもので、内部をめぐってみると、よく考えられた平面の配分が素晴らしかった。

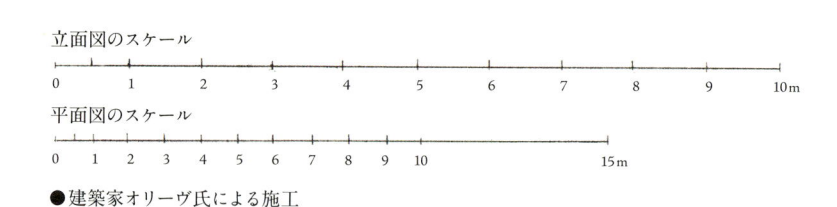

立面図のスケール

平面図のスケール

● 建築家オリーヴ氏による施工

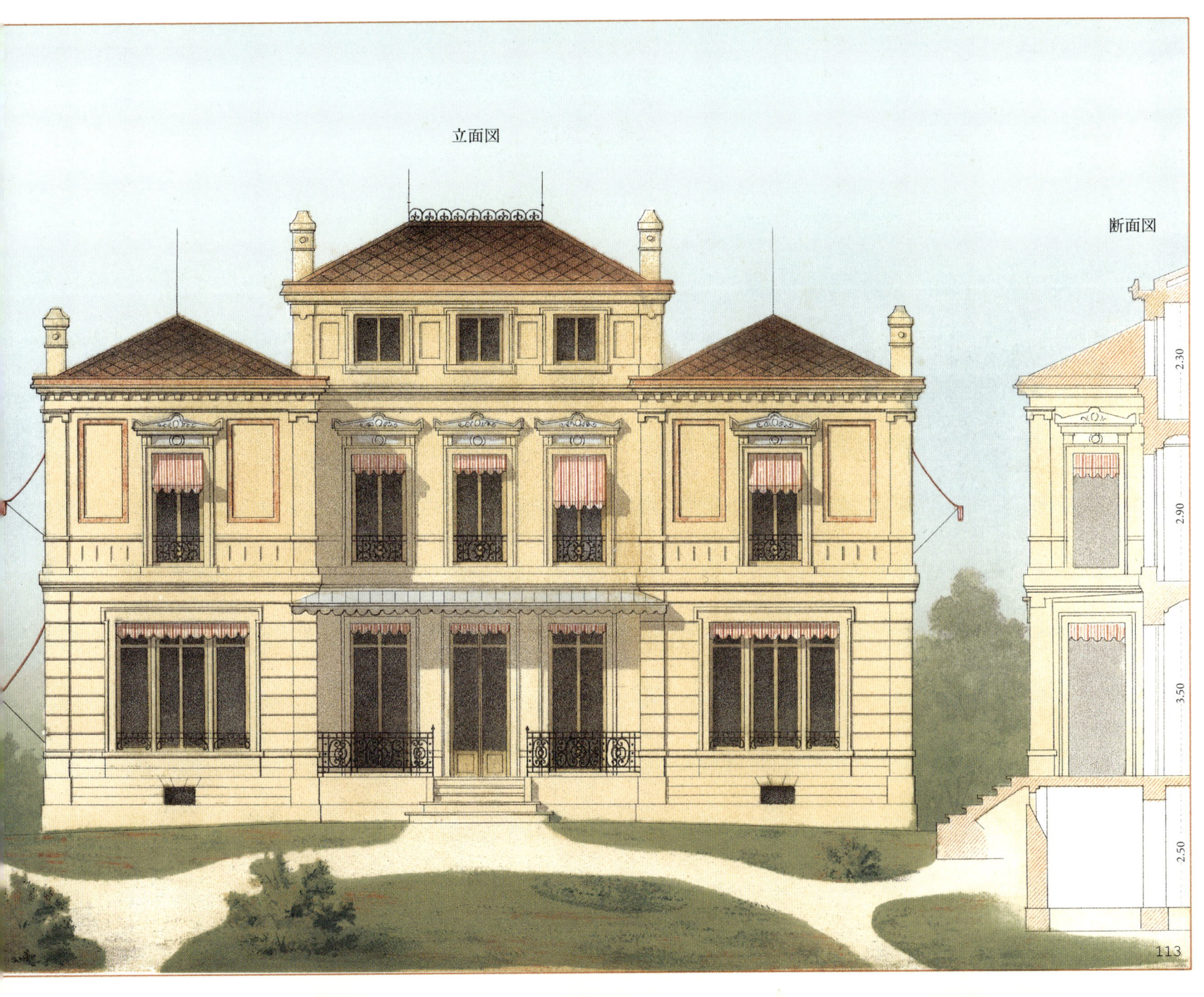

立面図

断面図

2.30

2.90

3.50

2.50

Plate 51
Style Louis XIII
ルイ13世様式

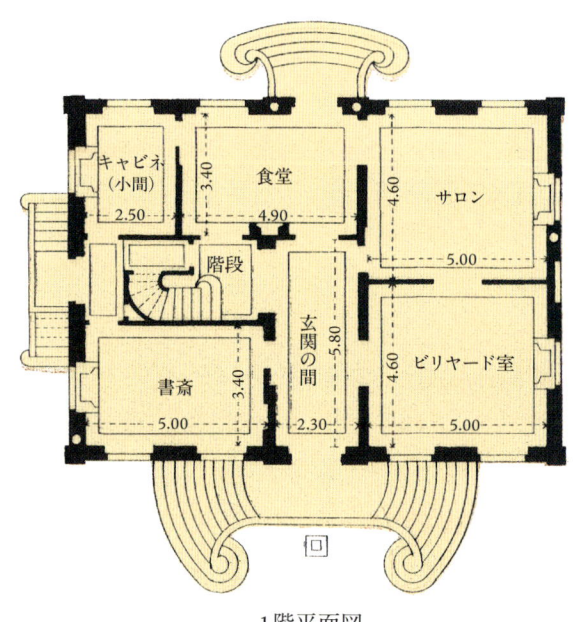

1階平面図

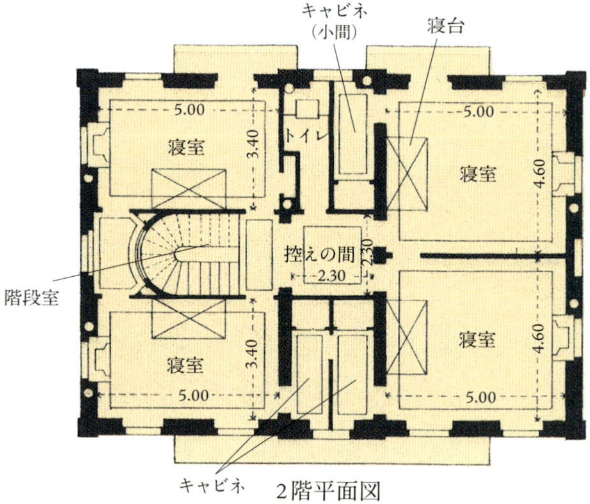

食堂 2.50 / 3.40 / 4.90
キャビネ(小間)
サロン 5.00 / 4.60
階段
書斎 5.00 / 3.40
玄関の間 2.30 / 5.80
ビリヤード室 5.00 / 4.60

2階平面図

キャビネ(小間)
寝台
寝室 5.00 / 3.40 / 4.60
トイレ
寝室 5.00 / 4.60
階段室
控えの間 2.30
寝室 5.00 / 3.40
寝室 5.00 / 4.60
キャビネ

ルイ13世様式の住宅

これまでルイ13世様式の住宅群についてかなり数多くの作例を示してきたが、この作例を示すのに躊躇はない。なぜなら、これは他とは違い、先の作例群と重複することはないからである。最高の建築家の一人によって構成され、さらに実際に施工されて、住宅が醸し出すよき雰囲気を直接確かめることができた。

立面図のスケール
0 1 2 3 4 5m

平面図のスケール
0 1 2 3 4 5 6 7 8 9 10 15m

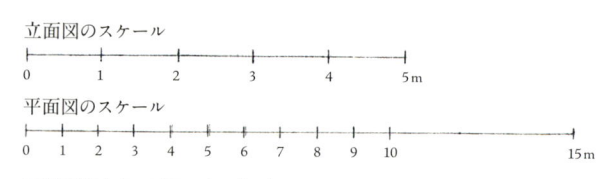

●建築家オリーヴ氏による施工

立面図

断面図

2.70

3.10

3.40

3.00

Plate 52

Style Louis XVI
ルイ16世様式

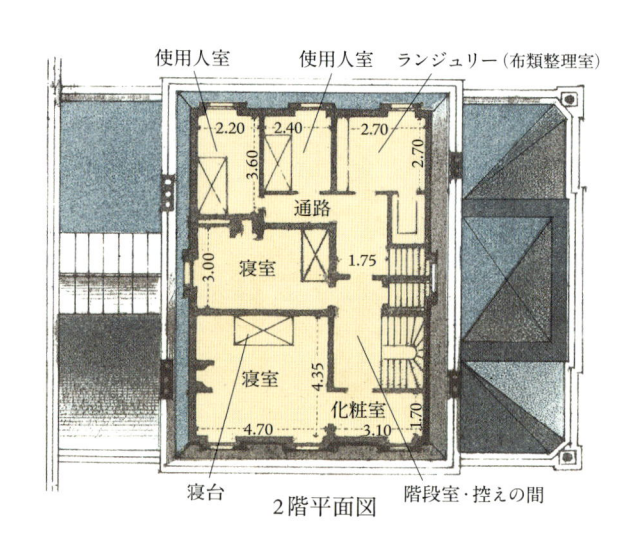

1階平面図 ラベル: 配膳室／食堂／サロン／ギャラリー／控えの間／盛儀寝室／化粧室／浴室／書斎／トイレ／バルコニー

2階平面図 ラベル: 使用人室／使用人室／ランジュリー（布類整理室）／通路／寝室／寝室／化粧室／寝台／階段室・控えの間

客人の集まるヴィラ

パリで施工された、ルイ16世様式の邸館。この時代にみられる、多くの遊興のための住居のように、パヴィリオンの手法で配置されている。いわば平屋建てに過ぎないが、このヴィラは壮大な印象を与え、その平面の配分は広壮で豪奢なので数多くの人の集まりを迎え入れることができる。

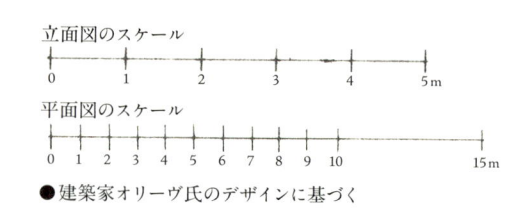

立面図のスケール 0〜5m
平面図のスケール 0〜15m

●建築家オリーヴ氏のデザインに基づく

立面図

Plate

53

Style François 1er
フランソワ1世様式

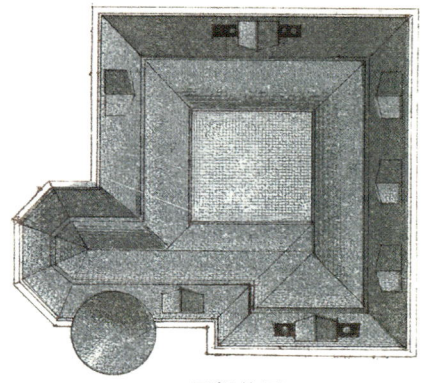

前庭側ファサード（玄関側立面図）

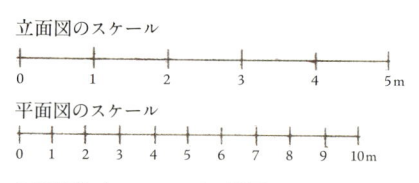

屋根伏図

優雅な
ルネサンス風城館

最も魅惑的な雰囲気を帯びた住宅で、ルネサンス様式のジャンルに属する。その装飾は、ある程度までフォンテーヌブロー城館の多くの建造物の特徴を思わせる。これらは単純な建築様式による建造物だが、趣味と優雅さに満ち、常に高く評価されてきた。この住宅も他の作例群と同じようにパリ周辺に建設されたばかりである。

立面図のスケール
0　1　2　3　4　5m

平面図のスケール
0　1　2　3　4　5　6　7　8　9　10m

●建築家ブルーティによる製図

断面図

食堂・サロン側ファサード(立面図)

2.60
2.80
3.00

2階平面図

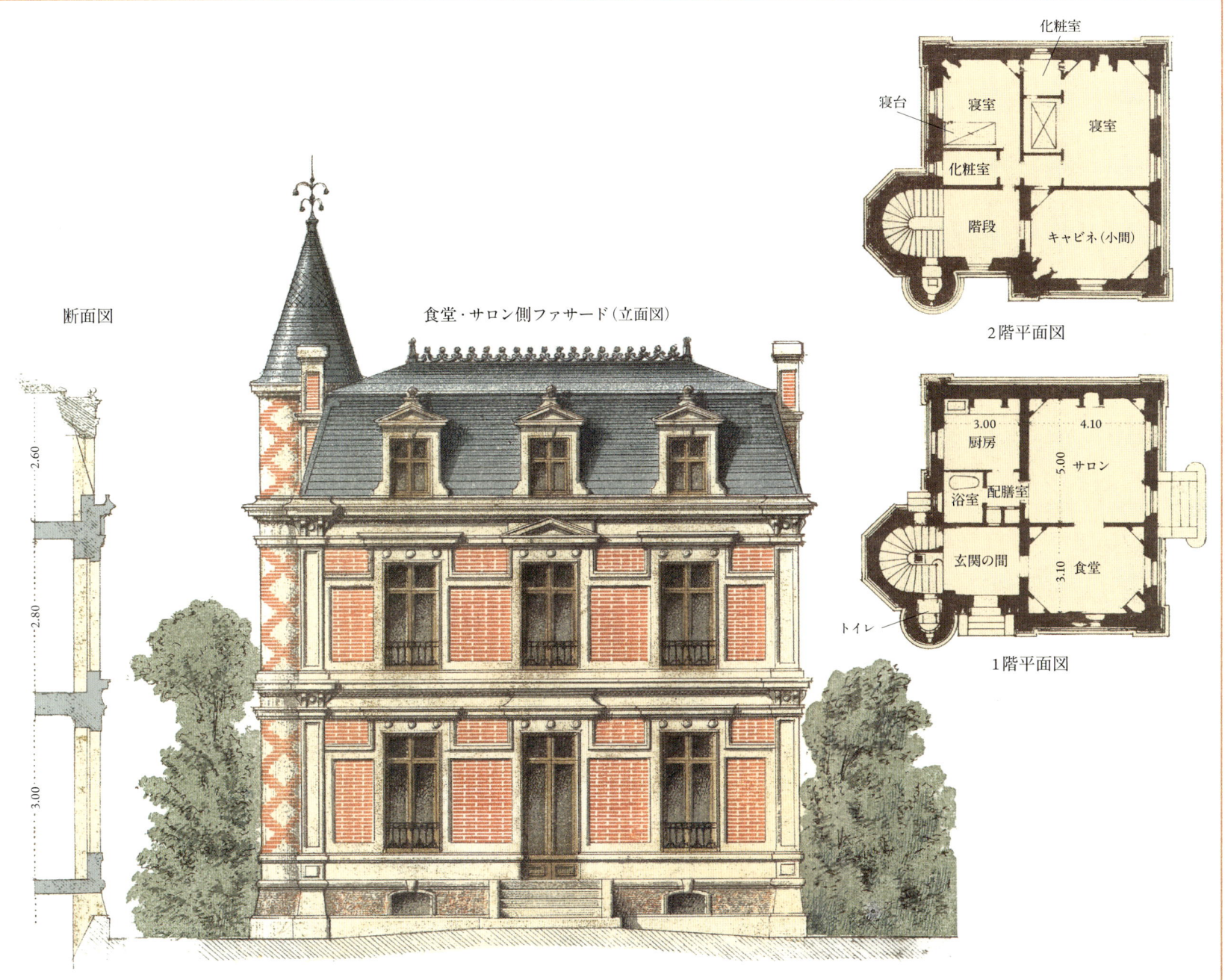

化粧室
寝台
寝室
寝室
化粧室
階段
キャビネ(小間)

1階平面図

3.00
厨房
4.10
サロン
5.00
浴室
配膳室
玄関の間
3.10
食堂
トイレ

Plate

54

Style Louis XVI
ルイ16世様式

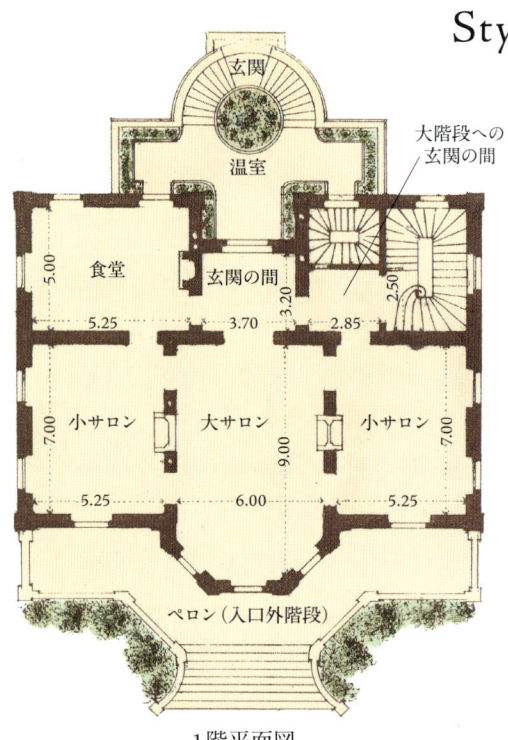

1階平面図

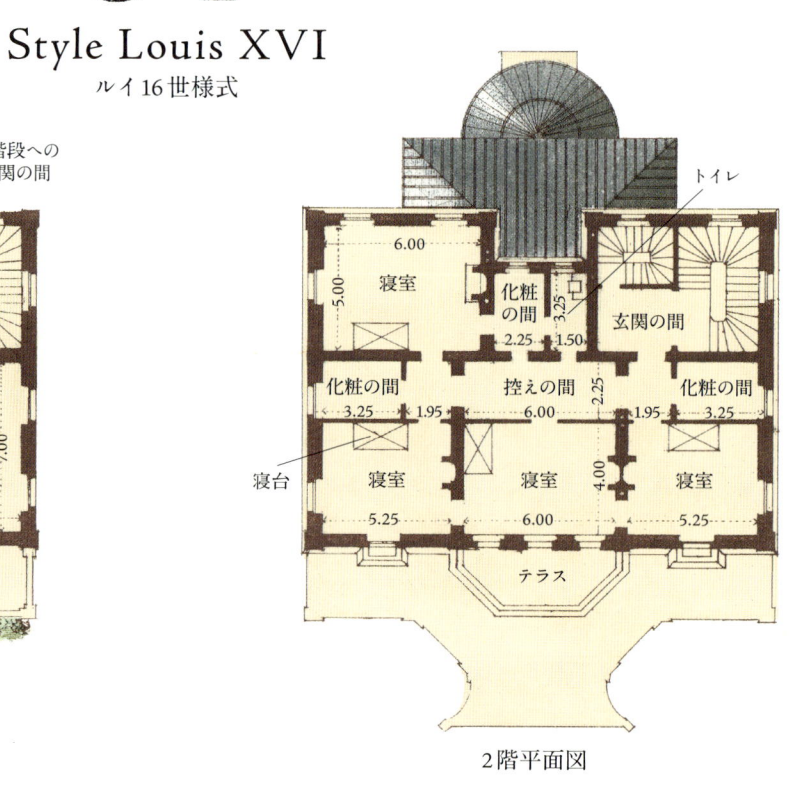

玄関
温室
大階段への玄関の間
食堂
玄関の間
小サロン
大サロン
小サロン
ペロン（入口外階段）

2階平面図

トイレ
寝室
化粧の間
玄関の間
化粧の間
控えの間
化粧の間
寝台
寝室
寝室
寝室
テラス

ペロンと温室のあるヴィラ

ルイ16世様式を模した近世様式によるヴィラ。パリ近郊で施工され、とりわけ、ペロン（入口外階段）とテラスの美しい配置によって格別なものとなっている。2階には、数多くの寝室がよく配分されており、それぞれが大きな控えの間に通じるようになっている。

立面図のスケール
0　1　2　3　4　5　　　　10m

平面図のスケール
0 1 2 3 4 5　　　10m

●建築家サルモンのデザインに基づく

庭園側ファサード（立面図）

Plate
55
Style Louis XIII
ルイ13世様式＊

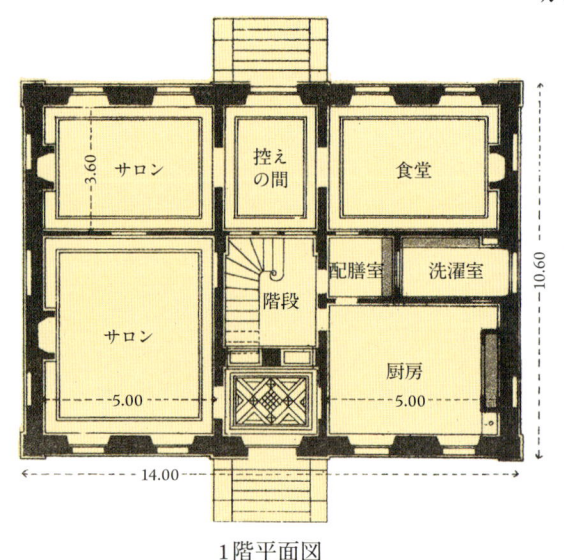

1階平面図

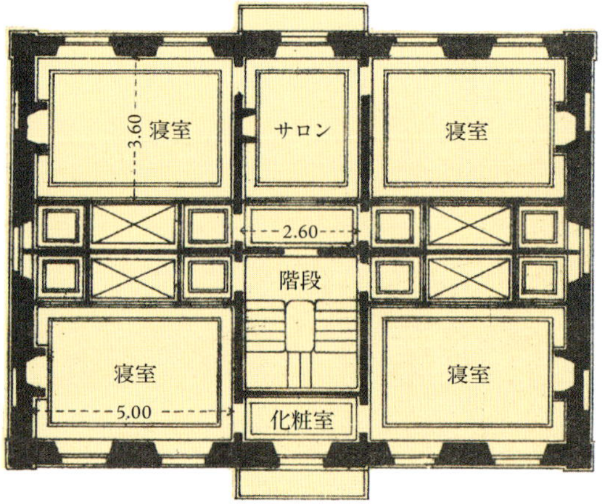

2階平面図

ウールクールの郊外住宅
［オワーズ（＊）］

本図集の最後を飾るこの図版は、近世様式によるまた趣の異なった郊外住宅を表現している。建築家は注文されたとおり、そのファサード上にいかなる彫刻装飾物も施さなかった。だが、単純な建築線に助けられ、心地よい外観を生み出すことに成功している。平面構成は単純であり、非常に規則的で、容易に建設できる。

立面図のスケール
平面図のスケール

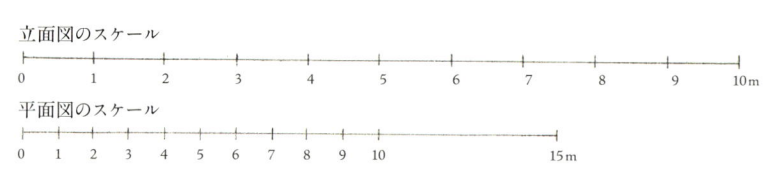

● 建築家ブルーティ氏による施工

＊…フランス北部、ピカルディ地域圏の県名。

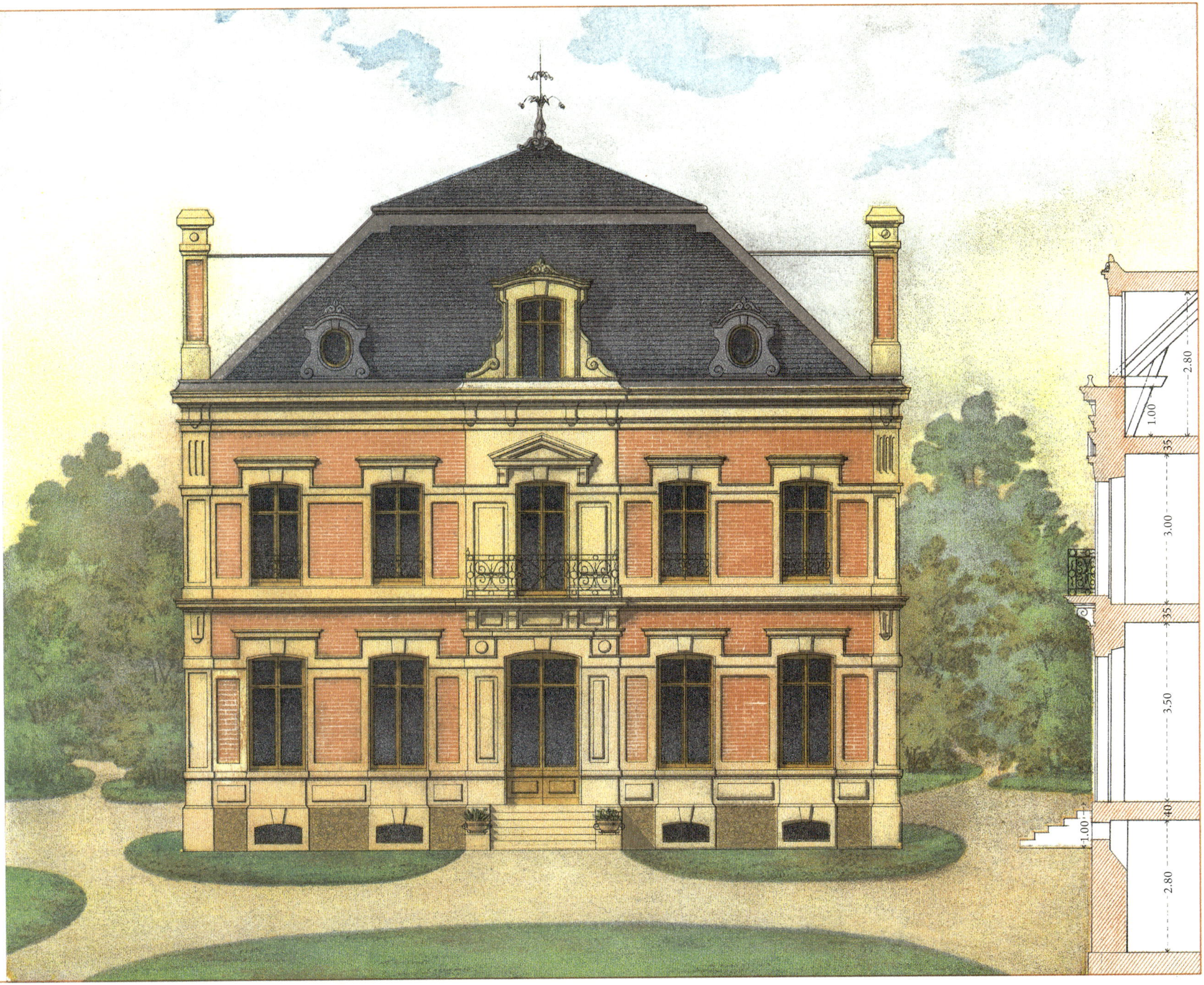
2.80
1.00
35
3.00
35
3.50
40
1.00
2.80

用語集

あ

アヴァン・コール（突出部）…王侯貴族や富裕層の大規模住宅において、中央部や端部で前方に突き出した部分のこと。

アトリウム…古代ローマの都市住宅において、玄関奥にある露天の吹き抜け空間。

アパルトマン…現代の建築用語としては集合住宅を構成する各戸のことをいう。王侯貴族や富裕層の大規模住宅（都市住宅の場合は「邸館（オテル）」、郊外住宅の場合は「城館（シャトー）」）においては、家族の各構成員やゲストの一人一人が使用する広間群のことをこのように称した。

アルコーヴ…おもに寝台を収容する広間壁面に設けられたくぼんだ部分。

アンカー…木材を緊結する鉄材。

アンポスト（迫台）…アーチやリンテル（まぐさ）の起点を直接支える石材のこと。

ヴィラ…富裕な人々の郊外における邸宅。

エンタブレチュア…古代ギリシアの神殿建築の外観の梁・桁の部分、および、それに似せた水平に展開する装飾帯のこと。上からコーニス、フリーズ、アーキトレーヴからなる。

か

開口部…建造物の壁体を穿った部分のことで、窓と扉などの総称。

階高…ある階の床からその直上の階の床までの高さのこと。

カステル（城館）…シャトー（château）の異称。やや軽妙な意味合いを持つ。

ガルド・ローブ…衣装室のこと。

基壇…本来は、古代ローマの神殿建築の床面（フロア・レベル）を地表面（グラウンド・レベル）から嵩上げするのに設けられた、神殿の基礎に当たる部分。後世のルネサンスやバロックの建築においては、それに似せたデザインの1階部分のこともいう。

キャビネ（小間）…おもにプライベートな生活を送る小規模な広間のこと。

隅部…建造物の隅の部分。

クレート…「大棟」のこと。

ゲーブル（妻）…一般に「妻」のこと。切妻屋根（屋根面2面を山形に組み合わせた屋根）の屋根面によって形成される三角形状の部分。妻側を正面とするものを「妻入（つまいり）」、側面とするものを「平入（ひらいり）」という。屋根面から突出し、屋根窓を備えた部分の場合はコロンバージュという。

化粧室…19世紀におけるtoilette「トワレット」とは、貴顕の男女が公共の場や社交界の場に出かけるために服を選んで着たり化粧などの準備をしたりすること、またはそのための部屋（化粧室）のことである。部屋を指す場合にはcabinet de toilette「化粧の間」ということもある。

桁…大棟と平行に壁体や柱の上に置かれた横架材（水平材）。外壁上部、または外に面した柱の上に置かれた桁を軒桁という。

桁行…桁と平行な方向。

玄関の間…本書ではvestibuleの訳語として使用している。語源から「風除室」と訳されることもあるが、通常、vestibuleの機能は「玄関」と訳したentréeと同様である。ただ、それよりも正式なものという語感がある。

建築面積…本書では建築物が占めている面積、すなわち、建築物の外壁の外側の線に囲まれた部分の水平投影面積のこと。外壁の中心線に囲まれた部分の水平投影面積とする、わが国の建築基準法施行令の定義とは異なる。

コテージ…山荘。産業革命後は中流階級の別荘として都市郊外や高原・山地に建設されるようになった。

小屋組…最上階の上で屋根を直接支える木造構築物。

コロンバージュ（妻）…建造物全体の屋根から突出した、「鳩小屋」のように見える部分。切妻屋根（屋根面2面を山形に組み合わせた屋根）をいただき、リュカルヌ（屋根窓）を備える。

コンシエルジュ室…案内係の詰所。

さ

サーヴィス…王侯貴族や富裕層の大規模住宅において、主人家族の生活を成り立たせるために使用人たちによって実施される食事の用意、掃除・洗濯などの諸用務のこと。

サーヴィス用階段…上記サーヴィスを行うときに使用人たちが用いる階段。主人家族は使用しない。

サーヴィス動線…上記サーヴィスを行うために使用人たちが動く経路のこと。

サーヴィス用中庭…上記サーヴィスを行うときに使用人たちが用いる中庭。

サーヴィス用付属棟…上記サーヴィスを行うための建造物。

サロン…広間のこと。類義語にキャビネ、サールがある。

シャレ(山荘)…コテージのこと。

城館…王侯貴族や富裕層の郊外における大規模住宅のこと。シャトー(château)ともいう。

スパン…柱と柱の間のこと。

スレート…粘板岩を薄くスライスした屋根葺き材。一般に濃いグレー。

盛儀寝室…王侯貴族や富裕層の大規模住宅内の最も威儀を尽くした寝室。おもに主人よりも身分の高い客人を迎えるときに使用した。

盛儀広間…王侯貴族や富裕層の大規模住宅内の最も威儀を尽くした広間。おもに主人よりも身分の高い客人を迎えるときに使用した。

セラー…通常はワイン貯蔵庫のこと。

前庭…王侯貴族や富裕層の大規模住宅において、敷地入口の門と主要建造物の玄関の間のアプローチのための外部空間。

た

邸館…王侯貴族や富裕層の都市における大規模住宅のこと。オテル(hôtel)ともいう。

テラコッタ…粘土などを焼いた素焼きの陶器。

トゥーレル(小塔)…軍事建造物の隅部に設けられた塔状の構築物。内部には螺旋階段や観測所が設けられることが多い。あるいは、それに似せた塔状の構築物をいう。

トネル…植物を植えた東屋。

な

延べ面積…建築物の各階の床面積の合計。

は

ハーフティンバー…おもに中世の木造民家、あるいはその構法のこと。

パヴィリオン…王侯貴族や富裕層の大規模住宅において、中央部や端部で前方に突き出した部分のこと。

控えの間…寝室の前に設けられた使用人などが詰める広間のこと。

ピトレスク…建築や庭園が風景画に描かれるような風景にならってデザインされた様子のこと。英語ではピクチャレスクという。

ファサード…建造物の外壁とそのデザインによって構成される、外界に向けての「建築の顔」。

ブードワール(婦人用サロン)…王侯貴族や富裕層の大規模住宅に設けられる女性たちがくつろぐ広間のこと。

プラスター…石膏の一種。

ベルヴェデール…「美しき眺望」を意味するイタリア語「ベルヴェデーレ」(Belvedere)に由来するフランス語。建築用語としては「眺望台」のことである。

ペロン(入口用階段、外階段)…主要入口の前に設けられる階段のこと。

ポルティコ(柱廊)…列柱によって外と隔てられた半屋外半屋内の開放的な空間。

ポワンソン…通常、小屋組の中央に位置する、棟と小屋組を支える鉛直部材(真束、キング・ポスト)のことをいうが、本書では、棟の両端部にそそりたつ棟飾りのことを指している。
＊鉛直部材…鉛直方向(水平面に対して垂直をなす方向)に使用する構造材。

ま

窓台…窓の下端の水平材のこと。

マノワール(館)…荘園などを備えた館のこと。

棟…屋根面が山折りになった稜線の部分のこと。屋根の頂部の水平の棟のことを大棟という。

ら

ラーヴ…溶岩から切り出した石材。

ランジュリー(布類整理室)…使用人が布類を整理する部屋。

ランブルカン(軒先飾り)…軒先からぶら下がるように配された水平に展開する装飾帯。

リュカルヌ(屋根窓)…屋根面に設けられた窓。

レベル…建造物において、ある一定の高さの水平面のこと。

ロッジア…一般的には扉やガラスのない、大きめの開口部を備えた半屋外半屋内の開放的な空間。

ロトンダ形…おもに円筒形状の空間のこと。

索引

あ
アヴァン・コール(突出部)…24
アトリウム…110
アトリエ…62,76,106
 大アトリエ…62,106
アパルトマン(広間群)…4,13,14,78,82,96
アラビア風住宅…94
アンジュー[フランス]…34
アンポスト(迫台)…42
アンリ4世…4,5,6,22,24,26

い
異国風…74,98
石→建材/石を参照
衣装室…104
イストラ[クロアチア]…90
イタリア
 北イタリア…82
 イタリア風住宅…60
イングランド…14,40,44,52,74,86
 イングランド風コテージ…40,44,86
 イングランド風住宅…74

う
ヴィラ…4,10,64,66,110,116,120
 古代ギリシア・ローマ風ヴィラ…110
ウールクール[フランス]…122
ヴェランダ…13,64

え
エトルタ[フランス]…102
エンタブレチュア…13

お
オーストリア風住宅…90
オクスフォード[イングランド]…14

か
帯状装飾→バンドを参照
オルナン[フランス]…62
オワーズ[フランス]…122
温室…50,100,120

か
開口部…12,42,74,96,108
階段室…15,16,27,30,32,34,52,56,70,86,106,112,114,116
学習室…48,50
カステル…58,68→城館も参照
家族のサロン…74
花壇…52,110
ガルド・ローブ(更衣室)…100

き
木→建材/木を参照
幾何学紋様…108
貴重品陳列室…104
喫煙室…12,34,54,68,70
逆V字紋→シェヴロン紋 を参照
キャビネ…4,15,19,25,27,28,30,38,52,78,80,82,86,100,108,110,112,114,119
ギャラリー…13,34,80,82,90,100,104,110,112,116
ギャルソン用寝室…90
厩舎…70,76,104
牛舎…64
共用サロン…64
切石→建材/切石を参照
近郊住宅,近郊の居館…20,84
近世…4,5,20,38,44,54,56,76,86,112,120,122
 近世住居…38
 近世ローマ様式…112

く
クールベ氏の寝室…62
クレート(大棟)…13

け
芸術家の住宅…62,106

芸術品陳列室…94
ゲーブル(妻)…52,102
化粧室,化粧の間…4,15,16,20,23,25,27,28,30,32,34,40,42,48,50,52,54,56,58,60,68,70,84,90,92,102,106,116,119,120,122
玄関,玄関の間…15,16,18,19,20,23,25,27,28,29,30,32,34,38,50,52,54,58,70,74,80,84,90,92,94,96,98,102,104,106,108,110,114,119,120
建材
 石…13,22,42,48,50,64,68,72,80,82,102,108
 木…13,38,42,44,52,64,68,70,82,102
 切石…13,48,50,74
 切石材…48
 スレート…34,44
 石材…22,42,48,68,72,80
 鉄材…72
 テラコッタ…34,80
 プラスター…44,48,68
 無垢材…42,48
 木材…13,44,64,68,102
 ラーヴ…34
 レンガ…13,16,18,22,44,48,50,68,72,74,80,82,102,108

こ
郊外住宅,郊外の住宅…4,10,11,12,13,20,62,122
降車場…54
ゴシック…4,5,6,14,16,44,52,68,80,100
古代ギリシア…54,110
 古代ギリシア風住宅…110
古代ローマ…6,90,106,110
コテージ…4,40,44,52,86
 イングランド風コテージ…40,44
 近世コテージ…86
子供たちの寝室…70
子供部屋…54,74
小屋組…38,42,54,64,70,90

コロンバージュ(妻)…44,48,102
コンシエルジュ(管理人)室…72,76,78,96,106
コンシエルジュ(管理人)の住居…72,104

さ
サーヴィス動線…4,110
サーヴィス用階段…28,54
サーヴィス用付属棟…110
サーヴィス用中庭…110
左右対称…86,104
サロン…15,16,19,20,23,25,27,28,30,32,34,38,40,42,48,50,52,54,56,58,60,64,68,70,72,74,76,78,80,82,84,86,88,90,92,94,98,100,102,104,106,108,110,112,114,116,119,120,122
 小サロン…16,20,25,28,34,80,84,88,90,92,98,104,110,120
 大サロン…80,90,92,102,110,120
山岳…42,70,82

し
シェヴロン紋(逆V字紋)…44
シテ・デ・イタリアン[パリ]…78
車庫…70,76,104
シャレ(山荘)…42,64,70,82
 イタリア風シャレ…82
 フランス風シャレ…42
祝宴の間…104
主人…4,14,42,46,47,92
 主人の寝室…92
城館…4,18,30,34,38,46,50,54,58,68,118
 小城館…50,54
使用人…4,14,38,48,64,70,72,76,104,116
 使用人室…48,116
 使用人住居…104
 使用人食堂…64,104
 使用人の寝室…38
商用住宅…96

鐘楼…24
食堂…12,15,16,17,19,20,23,25,27,28,30,32,34,38,40,42,48,50,54,56,58,60,62,64,68,70,71,72,76,78,80,82,84,86,88,90,92,94,98,100,102,104,106,108,110,112,114,116,119,120,122
書斎…20,23,34,38,40,48,50,56,58,80,88,90,92,94,98,104,106,110,114,116
 大書斎…34
女中室…58,84
寝室…4,12,15,16,19,20,23,25,27,28,30,32,34,38,40,42,48,50,52,54,56,58,60,62,64,68,70,72,74,76,78,80,82,84,86,88,90,92,94,98,100,102,104,106,108,110,112,114,116,119,120,122
 大寝室…68,70,74,84,100

す
スイス…64,70
 スイス西部…70
 スイスの伝統住宅…64
透かし彫り…64,90
スプリト[クロアチア]…90
スレート葺き…34

せ
聖アンデレの十字架…44
盛儀寝室…90,98,116
盛儀大寝室…84
盛儀広間…98
正方形態様…24
石造…13,50,64,82,102,108
折衷…7,48,54,76,106
セラー…20,28,50,60,86
洗濯室…64,74,122
前庭…27,50,58,92,104
前庭側…14,15,18,21,22,24,26,35,47,51,56,59,75,93,105,118

ち

地下…4,12,20,28,54,60,86
中世…4,5,52,68,80,100
中2階…76,78
厨房…12,15,16,19,20,23,25,27,28,30,38,40,42,48,50,54,58,60,62,64,68,70,72,76,78,84,86,92,94,100,104,106,108,112,119,122
貯蔵室…28,100
　薪貯蔵室…28

つ

通路…4,19,20,34,50,52,56,70,78,80,82,102,106,116
妻→ゲーブル,コロンバージュを参照

て

庭園…12,40,50,92,104
庭園側…15,19,23,25,31,33,34,36,47,52,53,55,56,57,121
庭園管理人住宅…46
ディオクレティアヌス帝の宮殿…90
邸館…4,20,28,32,56,76,88,96,104,116
　小規模邸館,小邸館…28,76,88
邸宅…4,16,20,26,32
鉄製棟飾り…90
テラコッタ→建材／テラコッタを参照
テラス…13,19,20,24,28,32,34,40,48,52,56,60,62,82,106,110,120
店舗…78,96
デンマーク風住宅…72

と

ドイツ
　北ドイツ…52
　中央ドイツ…52
　南ドイツ…38
ドイツ風住宅…68,100
トイレ…15,16,19,20,23,25,27,28,30,32,34,38,40,42,48,50,54,56,58,60,68,70,72,76,78,80,96,100,106,108,112,114,116,119,120
塔…16,34,60,82
トゥーレル(小塔)…16,34
動線…4,12,16,110
都市住宅,都市の邸館…4,10,12,20,72,76,78,92
図書室…42,90,100,110
突出部…16,24,42,64→アヴァン・コールも参照
トネル…106
トリエステ[イタリア]…90

な

中庭…76,104,108,110

に

ニス…34
庭師の寝室…68

の

軒先飾り→ランブルカンを参照
ノルマンディー[フランス]…34

は

ハーフティンバー…44,48
バイエルン[ドイツ]…38,40
配膳室…20,28,30,34,42,50,54,56,68,70,76,78,80,84,92,100,102,104,106,108,116,119,122
ハイド・パーク[ロンドン]…74
パヴィリオン…54,116
馬車通路…76,77,78
馬車と動物のための大アトリエ…62
パリ[フランス]…76,78,88,108,112,116,118,120
バルコニー…32,38,42,52,64,102,110,116
バンド(帯状装飾)…42

ひ

控えの間…19,20,23,25,30,34,38,40,42,48,54,58,62,64,76,78,84,92,94,114,116,120,122
琺瑯…34,80
ポーランド風住宅…98
北欧…72
彫り込み…20
ピトレスク…42,58,94,102
非様式…8,62,84,96
平屋建て…116
ビリヤード室…12,28,32,42,50,54,56,60,98,100,110,112,114
広間…4,12,14,78,82,92,96,98

ふ

ファサード…5,12,14,15,16,17,18,19,22,23,24,25,26,27,30,31,33,34,35,36,46,47,50,51,53,55,57,59,71,72,76,77,91,93,103,104,105,107,108,109,110,118,119,121,122
ブードワール(婦人用小サロン)…16,84,104,110
ブーローニュ通り[パリ]…88
フォンテーヌブロー城館…18,118
双子のような2棟の小住宅…86
舞踏の間…104
プラスター→建材／プラスターを参照
フランス
　北フランス…52
　フランス中部…30
　フランス東部…42
　フランス南部…60
フランソワ1世…4,6,18,20,34,58,108,118
ブルゴーニュ[フランス]…108
ブルボネ[フランス]…108

へ

ベルヴェデール,眺望台…13,60
ベルン市[スイス]…70
ペロン(入口外階段)…20,23,28,32,56,82,106,120

ほ

琺瑯…34,80
ポーランド風住宅…98
北欧…72
彫り込み…20
ポルティコ(柱廊)…60,84,110
ポワンソン(棟飾り)…13,14,15
ポンペイの古代住居…110

ま

馬草置場…70,104
窓…13,14,20,38,44,51,76,78,108
マノワール(館)…16,58

む

無垢材→建材／無垢材を参照
棟飾り…90→ポワンソンも参照

も

木造…38,42,52,64,70,82,102
物置…14,102

や

屋根…16,19,20,24,26,28,34,38,40,44,48,60,62,118
屋根裏…14,22,34
屋根窓→リュカルヌを参照

ゆ

友人のための寝室…62
友人のための大アトリエ…62

よ

様式…4,5,6,7,8,11,14,16,18,20,24,26,28,32,44,48,50,54,56,76,78,80,88,90,96,100,104,106,108,110,112,114,116,118,120,122
浴室…12,20,28,54,56,60,64,70,90,92,110,112,116,119

ら

ラーヴ→建材／ラーヴを参照
ライン川…80
ランジュリー(布類整理室)…42,54,70,90
ランブルカン(軒先飾り)…13,38,42

り

リュカルヌ(屋根窓)…14,15,108

る

ルイ13世…4,5,7,26,88,92,114,122
ルイ14世…4,7,30,32,56
ルイ15世…4,7,46,50
ルイ16世…4,7,28,76,104,106,116,120
ルネ・サンス…4,5,6,34,54,58,78,108,112,118
　ルネ・サンスの城館…34
　ルネ・サンス風住宅…108
ル・メーヌ[フランス]…34

れ

レンガ→建材／レンガを参照
　赤レンガ…108
　褐色レンガ…108
　白色レンガ…102
レンガ造…18,44,50,74,102,108
連絡階段…32

ろ

廊下…4,28,42,56
ロッジア…32,50,60,90
ロトンダ形…104
ロワール川…58
ロンドン郊外…74

VILLAS ヴィラ
西洋の邸宅
19世紀フランスの住居デザインと間取り

2014年7月20日　第1刷発行

設計・製図	レオン・イザベ／ルブラン
翻訳・監修	中島智章（なかしまともあき）
編者	マール社編集部
発行者	山崎正夫
印刷・製本	株式会社精興社
発行所	株式会社マール社 〒113-0033 東京都文京区本郷1-20-9 tel 03-3812-5437 fax 03-3814-8872 http://www.maar.com/
デザイン	芝晶子（文京図案室）
制作	中村愛（マール社）

ISBN978-4-8373-0742-6　Printed in Japan
©Maar-sha Publishing Co., LTD., 2014
乱丁・落丁の場合はお取り替えいたします。

翻訳・監修者紹介
中島智章 NAKASHIMA Tomoaki

1970年、福岡市生まれ。東京大学大学院工学系研究科建築学専攻博士課程修了。博士（工学）。日本学術振興会特別研究員（PD）などを経て、2014年7月現在、工学院大学建築学部建築デザイン学科准教授、早稲田大学大学院文学学術院非常勤講師。日本建築学会・西洋建築史小委員会・主査。日仏工業技術会・建築都市計画委員会・委員長。2005年、日本建築学会奨励賞受賞。

著訳書
『図説 ヴェルサイユ宮殿 太陽王ルイ14世とブルボン王朝の建築遺産』
（河出書房新社、2008年）
『図説 パリ 名建築でめぐる旅』（河出書房新社、2008年）
『図説 バロック 華麗なる建築・音楽・美術の世界』（河出書房新社、2010年）
『中世ヨーロッパの城塞 攻防戦の舞台となった中世の城塞、要塞、および城塞都市』
（マール社、2012年）

参考文献
Emile Littré: Dictionnaire de la Langue Française, 1863-77
安田結子「オスマンのパリ改造期(1853-1869)における集合賃貸住宅の研究」
（日本建築学会『学術講演梗概集』F-2, pp.447-448、1996年）
安田結子「19世紀後半におけるフランス郊外住宅論（1）セザール・ダリの論考」
（日本建築学会『学術講演梗概集』F-2, pp.75-76、2001年）
鏡壮太郎「19世紀フランスにおける鋳鉄装飾産業の盛衰」
（鈴木博之先生献呈論文集刊行会編『建築史攷』、pp.435-463、2009年）